Sabrina Kraus
Christian Masrourchehr

LebensGLÜCK und LebensSINN

Methodisch vielfältige Materialien für den Religionsunterricht der Klassen 7–10

Auer

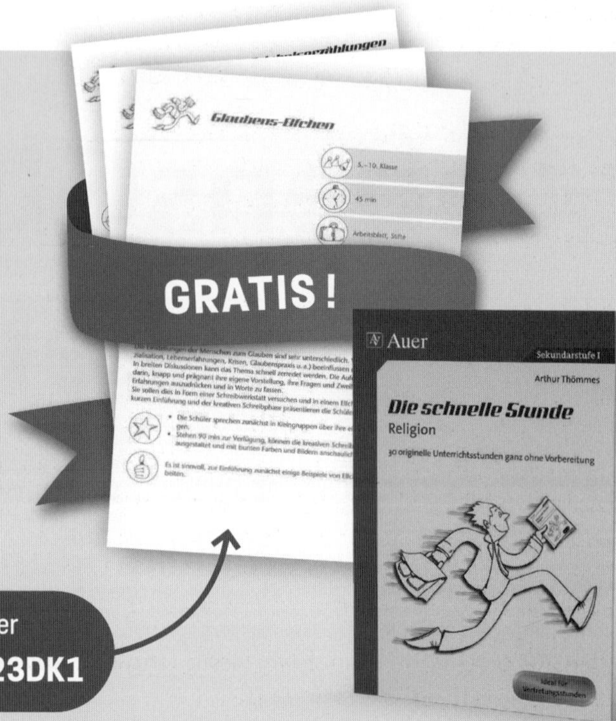

Gedruckt auf umweltbewusst gefertigtem, chlorfrei gebleichtem und alterungsbeständigem Papier.

1. Auflage 2017

Covergestaltung: Kirstin Lenhart, München
Umschlagfoto:
Illustrationen: Carla Miller, Corina Beurenmeister, Marion El-Khalafawi, Carmen Hochmann, Steffen Jähde, Stefan Lohr, Anne Karen Rasch
Satz: fotosatz griesheim GmbH
Druck und Bindung: Korrekt Nyomdaipari Kft
ISBN 978-3-403-**07938**-5
www.auer-verlag.de

Inhaltsverzeichnis

Vorspann

Kennen Sie das Washington-Post-Experiment?
Es ist ein vertrautes Bild in einer jeden Großstadt: Bereits aus der Ferne hört man leise Violinenklänge und beim Eintritt in die Metro-Station erblickt man dann auch rasch den Straßenmusiker. Eine solche Szene ereignete sich auch im Januar an einem kalten Freitagmorgen in Washington. Der Geiger spielte beherzt: zunächst Bach, dann Schubert, später noch Ponce und Massenet. In einer knappen Dreiviertelstunde passierten immerhin fast 1.100 Menschen den jungen Musiker, 27 Passanten warfen insgesamt 32 Dollar in den ausgebreiteten Geigenkoffer. Ordentlich, oder?
Was nur einer einzigen Person auffiel: Der Geiger war nicht irgendwer, sondern Joshua Bell. Der berühmte US-amerikanische Violinist hatte sich auf das Experiment eingelassen und mit seiner 3,5-Millionen-Dollar-teuren Stradivari ein Konzert gegeben, für das die Leute zwei Tage zuvor noch bis zu 100 Dollar bezahlt haben – pro Sitzplatz.[1]
Die Suche nach Glück und Sinn bestimmt das menschliche Leben und das Experiment zeigt ganz eindrücklich, dass man gar nicht so schrecklich viel braucht, um Glück zu erfahren. In diesem Fall hätten ein wenig mehr Aufmerksamkeit und Freude am Augenblick genügt. Wahres Glück sowie tiefer Lebenssinn haben freilich weitere Facetten und die Lehrpläne aller Bundesländer für das Fach Religion tragen dem auch Rechnung. Denn diese Lebensfragen sind nicht nur uns Erwachsenen, sondern bereits den Kindern und Jugendlichen aufgegeben.
Die vorliegende Unterrichtshilfe für die Klassen 7 bis 10 richtet sich an Kolleginnen und Kollegen aller Schulformen. Der Themenbereich *Glück und Sinn* ist schülerorientiert, vielschichtig und mit innovativen Materialien aufbereitet, die Ihren Religionsunterricht unterstützen wollen.

Wir wünschen Ihnen viel Freude mit dem Unterrichtsmaterial sowie gelungene Stunden mit Ihren Schülern[2].

Sabrina Kraus und Christian Masrourchehr

1 Im Online-Bereich der Washington Post ist der Artikel „Pearls Before Breakfast" abrufbar, für den der Autor Gene Weingarten im Jahr 2008 den Pulitzer-Preis gewann.
2 Aufgrund der besseren Lesbarkeit ist in diesem Buch mit Schüler auch immer Schülerin gemeint, ebenso verhält es sich mit Lehrer und Lehrerin etc.

Übergeordnete didaktisch-methodische Hinweise

Die Frage nach *Glück und Sinn* stellt sich in jeder Lebensphase immer wieder neu und erfährt so auch im Laufe der Zeit unterschiedliche Antworten. Dies ist bei den Schülern ähnlich, wobei das Alter hier eine noch größere Rolle spielt. Ein Schüler der siebten Klasse hat etwa im Vergleich zu einem Schüler, der kurz vor dem Eintritt in die Berufswelt steht, eine ganz andere Perspektive auf das, was man eine erfüllende Aufgabe nennt.
Die Unterrichtshilfe fängt diese Realität auf, indem sie nicht nur mannigfaltige Materialien zu vielen Themenbereichen anbietet, sondern in den didaktisch-methodischen Kommentaren vor jedem Kapitel auf Einsatz- und Differenzierungsmöglichkeiten zu den Arbeitsblättern hinweist. Alle Kapitel nehmen den jeweiligen Lehr- und Lerngegenstand sehr umfassend und einer inneren Ordnung folgend in den Blick, doch liegt es in der Hand der Lehrkraft, hier jeweils eine Auswahl zu treffen, was in welcher Schul- und Lebensphase sowie für das eigentliche Unterrichtsvorhaben am geeignetsten erscheint. Die Arbeitsblätter sind ebenfalls für ein Stationenlernen einsetzbar, was mit geringem Aufwand durch eine entsprechende Anordnung der Materialien leicht zu arrangieren ist und auch mit der in Kapitel 7 vorgeschlagenen Projektidee verbunden werden kann.
Kapitel 1 führt in das Thema *Glück und Sinn* ein und bietet den Schülern gleichzeitig mit dem persönlichen *Glücksbuch* ein übergeordnetes Werkzeug zur Arbeit mit den Materialien an, das zur Reflexion des Lernfortschritts genutzt werden *kann*, jedoch nicht *muss*. In **Kapitel 2** steht das eigene Leben mit dessen Zielen und Träumen im Vordergrund, aber auch Irrwege, der Umgang mit Scheitern und Niederlagen sowie das Neuausrichten werden hier bedacht. Geteiltes Glück ist nicht halbes, sondern vielmehr doppeltes Glück. **Kapitel 3** arbeitet deshalb Aspekte auf, welche Glück und Sinn mit freundschaftlicher, partnerschaftlicher und sozialer Gemeinschaft verbinden. Der Einfluss von Aberglauben sowie Geld auf das persönliche Glück sind Themen des **Kapitels 4**, während die *Chemie des Glücks* in **Kapitel 5** in den Fokus der Betrachtung rückt. Neben den Vorgängen im menschlichen Körper geht es hier um Sucht und Depression, also Gegenpole des Glücks. Der *unbedingte Sinn* ist leitend für **Kapitel 6**. Hier finden sich klassische Themen des Religionsunterrichtes versammelt, ohne die wahres Glück und tieferer Sinn für einen Christen kaum denkbar sind.
Den Abschluss des Heftes bildet **Kapitel 7**, in dem keine neuen Inhalte vorgestellt, sondern die Konturen eines Projektes vorgeschlagen werden, in das eine Unterrichtsreihe zu *Glück und Sinn* einmünden kann.

Didaktisch-methodische Hinweise

Seite 7–9:

Was ist Glück? – Miteinander im Gespräch

Vorbereitung: *Kopieren und ggf. Zurechtschneiden der Impuls- sowie Quaddro-Meinungskarten (beides evtl. in laminierter Form zur leichteren Wiederverwendung)*

Für die Eröffnung der Unterrichtsreihe wird eine Herangehensweise gewählt, welche die Schüler mit unterschiedlichen Facetten der Glücksthematik konfrontiert und gleichzeitig zu einer ersten Positionierung herausfordert. Dafür eignet sich die hier vorgeschlagene Quaddro-Methode in besonderer Weise.

Der Gewinn der Methode besteht darin, dass alle Beteiligten ihren jeweiligen Standpunkt zu den gezogenen Impulskärtchen offenlegen und argumentativ vertreten. Dies eröffnet einen echten Diskursraum, in dem die eigene nach der Rezeption einer anderslautenden Meinung weder vorschnell aufgegeben noch verschwiegen wird.

Da die Impulskarten zum Teil zu sehr persönlichen Stellungnahmen auffordern, sollten sich die Schüler in selbstgewählten Kleingruppen zusammenfinden, die einen geschützten Raum bieten. Wenn durch die Lehrkraft im Vorfeld eine Auswahl an Impulskarten getroffen wird und dadurch eine reduzierte Anzahl an Stellungnahme- und Diskussionskärtchen zur Verfügung steht, kann die Unterrichtseinheit auch in einer 45-minütigen Einzelstunde durchgeführt werden. Um jedoch die nötige reflexive Tiefe und gesicherte Arbeitsergebnisse zu gewährleisten, sollten Kleingruppendiskurs und Plenumsaustausch nicht unter Zeitdruck stattfinden. Auf den Blanko-Kärtchen können durch die Lehrkraft eigene Reflexionsimpulse ergänzt werden.

Seite 10/11:

Was ist Glück für mich? – Mein Glücksbuch

Vorbereitung: *Anfertigen eines Buddy-Books zur Demonstration; Vorlagen in Klassensatzstärke kopieren; Buntstifte, Scheren, evtl. auch Kleber mitbringen lassen*

Das Glücksbuch ist ein übergeordnetes Reflexionswerkzeug für die Schüler. Auf die Auseinandersetzung mit den Kapiteln eins bis sechs folgt jeweils eine kurze schriftliche Stellungnahme, die sich auf die behandelten Inhalte bezieht. Hier soll festgehalten werden, was davon zum *persönlichen* Glück beiträgt.

Das gesamte Buch wird als sog. Buddy-Book mithilfe der Kopiervorlage selbstständig von den Schülern erstellt. Den Beginn der konkreten Arbeit mit dem Glücksbuch bildet die eigene Gestaltung des Covers, welche damit gleichzeitig eine individuell-kreative Fortsetzung des Themeneinstiegs ist. Die Rückseite wiederum kann für unterschiedliche Anliegen wie etwa das Beschließen der Unterrichtsreihe genutzt werden. Denkbar ist u. a. das Verfassen eines Klappentextes oder das Festhalten einer Masterregel für das eigene Glück, die sich aus den zuvor formulierten Stellungnahmen ableitet.

Es wird empfohlen, eine DIN-A3-Kopie der Vorlage zu erstellen, um den Schülern möglichst viel Raum zum Schreiben zu geben. Außerdem sollte die Lehrkraft bereits ein Buddy-Book zur Demonstration der Bastelanleitung angefertigt haben.

Was ist Glück? – Miteinander im Gespräch

Mithilfe des Diskussionsspiels *Quaddro* kommt ihr miteinander über Aussagen zum Thema *Glück und Sinn* ins Gespräch. Nehmt euch dabei ruhig Zeit, gemeinsam über die gegebenen Denkanstöße nachzudenken und eure Meinungen auszutauschen.

Spielanleitung

1) *Jeder von euch benötigt eine -Karte. Schneidet sie sorgfältig aus.*
2) *Legt die Kärtchen mit den Glücksaussagen verdeckt auf einen Stapel in die Mitte.*
3) *Zieht nun die oberste Karte, lest sie vor und legt sie offen in die Mitte.*
4) *Nehmt nun – jede(r) für sich – Stellung zu der gezogenen Glücksaussage. Dreht dazu verdeckt (!) eure -Karte mit der Spitze zur Mitte, die eurer Meinung entspricht.*
5) *Dreht die -Karten erst um, wenn sich alle für eine Ecke entschieden haben.*
6) *Vervollständigt reihum euren gewählten Satzanfang und begründet, weshalb ihr diese Position vertretet.*
7) *Wenn ihr eure Meinungen ausgetauscht habt, zieht eine neue Glücksaussage-Karte.*
8) *Nehmt euch zum Schluss diejenige Glücksaussage-Karte noch einmal vor, zu der ihr die interessanteste Diskussion geführt habt und haltet eure Argumente für die verschiedenen Positionen stichpunktartig fest, sodass ihr den Inhalt eures Gruppenaustauschs im Plenum präsentieren könnt.*

Ein Sprichwort sagt: „Jeder ist seines Glückes Schmied.“ – Man ist für sein Glück selbst verantwortlich.	Allein kann man nicht glücklich sein.	Glück und Sinn sind untrennbar miteinander verbunden.
Ich war schon einmal richtig glücklich.	Mein Leben hat einen Sinn.	Man kann unabhängig von seinen Lebensumständen glücklich sein.
Mein Glaube ist für mich wichtig, wenn ich über die Frage nach dem Sinn des Lebens nachdenke.	Genügsamkeit und Bescheidenheit sind Wege zum Glück.	Es gibt Menschen in meinem Leben, denen ich eine Antwort auf die Frage nach Sinn zutraue.
Der Sinn meines Lebens wird (auch) von anderen beurteilt.	Lebensglück ist immer nur ein Zustand, den man anstrebt, nie einer, den man dauerhaft erreicht hat.	Ohne Gott gäbe es nur Zufall, aber keinen Sinn.
Es gibt Menschen und/oder Dinge, ohne die ich nicht glücklich sein kann.	Glücklichsein ist immer nur ein Moment.	Es gibt Dinge, die alle Menschen glücklich machen.

Ich habe einen Glücksbringer.	Der Mensch hat ein Recht auf Glück.	Das eigene Glück ist oft mit dem Unglück anderer verbunden.
Glück ist nur eine chemische Reaktion im Körper.	Statt „Glück" könnte man auch „Zufriedenheit", „Wohlbefinden" oder „Vergnügen" sagen.	Im letzten Monat habe ich Glück gehabt.
Glück ist Einstellungssache.	Unglück ist Mangel an Glück.	Ich glaube an dauerhaftes Glück nach dem Tod. So stelle ich mir das „Erlöstsein" bzw. den „Himmel" vor.
Am Freitag, den 13. will ich lieber keine wichtigen Termine haben.	Glücklich ist man immer nur im Vergleich zu anderen.	Man kann selbst nur glücklich sein, wenn andere es auch sind.

Was ist Glück für mich? – Mein Glücksbuch

Über das Thema *Glück* werden bis heute viele Bücher geschrieben und doch muss es jeder für sich selbst finden: das persönliche Glück. Deshalb sollst du dein eigenes kleines Glücksbuch verfassen.

Anleitung für dein Glücksbuch

Im Unterricht wirst du einiges über das Thema erfahren. – In deinem Glücksbuch sollst du aufschreiben, was für dich besonders wichtig ist. Ergänze dafür den auf den Seiten eins bis sechs angefangenen Satz. Erkläre anschließend auf derselben Seite kurz, warum du dich so entschieden hast. Die Titel- und Rückseite bieten Raum zur freien Gestaltung.

Doch wie bastle ich mir mein Glückbuch? Gehe dafür so vor:

1) Du benötigst ein DIN-A3- oder -A4-Blatt.
2) Falte das Blatt in der Mitte (Seite 1/Titelseite auf Seite 4/Seite 5).
3) Falte das Blatt nun zweimal jeweils entlang der kürzeren Mitte.
4) Öffne das Blatt komplett und du erkennst die acht Seiten.
5) Wiederhole Schritt 2) und schneide das Blatt im markierten Bereich ein.
6) Öffne es, falte es an der längeren Mitte und schiebe es so zusammen, dass die Form eines Kreuzes entsteht.
7) Lege jetzt die Buchseiten aufeinander – fertig!

Seite 4	Seite 3	Seite 2	Seite 1
Seite 5	Seite 6	Rückseite	Titelseite

Glücklich bin ich, wenn ...

Glücklich bin ich, wenn ...

Glücklich bin ich, wenn ...

Glücklich bin ich, wenn ...

Glücklich bin ich, wenn ...

Glücklich bin ich, wenn ...

Didaktisch-methodische Hinweise

Kapitel 2 dient vor allem einer ersten selbstreferenziellen Annäherung an die Glücksthematik und bietet daher mehrheitlich Arbeitsblätter an, die zur Reflexion über das eigene Leben sowie persönliche Erfahrungen und Zukunftsvorstellungen anregen. Vielfach stehen daher der Erwerb von überprüfbarem Sachwissen und das Erarbeiten „korrekter" Lösungen hinter der gedanklichen Auseinandersetzung mit individuellen Glückskonzepten zurück.

Diesem Ansatz einer weitgehenden Ergebnisoffenheit entsprechen auch im Folgenden große Teile des vorliegenden Materials, das sich vor allem als Einladung an die Schüler versteht, wesentliche Fragen nach Sinn und Erfüllung in den Blick zu nehmen und sich auf unterschiedliche Perspektiven einzulassen. Kapitel 2 ist somit als Auftakt in eine Gesamtheftkonzeption zu verstehen, die es sich zum Ziel gesetzt hat, die Schüler zu einem gleichsam breitgefächerten wie intensiven Diskurs über die eigenen Lebensumstände und -ideale zu animieren.

Seite 15/16:

Der Fahrplan: meine individuellen Ziele

Vorbereitung: Vorlagen in Klassensatzstärke kopieren

Das eigene Leben als Bahnfahrt zu betrachten, verlangt von den Schülern die Fähigkeit, allegorisch zu denken. Dies macht – gerade für jüngere Schüler – eine gewisse Schwierigkeit, aber gleichermaßen den Reiz und das kreativ-intellektuelle Potenzial der Reflexionsaufgabe aus. Entsprechend bieten die konkreten Fragestellungen hinter den Reise-Metaphern Hilfestellungen, die das Verständnis erleichtern und das Nachdenken über die eigenen Lebensvorstellungen in die „richtige" Richtung lenken.

Eine Möglichkeit zur Vertiefung und ggf. zur Differenzerfahrung eröffnet das „Eisenbahngleichnis" Erich Kästners, das das gleiche Motiv – das Leben als Bahnfahrt – literarisch verarbeitet und dadurch an die Gedankengänge der Schüler anknüpft. Während die Aufgaben 1 und 3 wiederum eine persönliche Auseinandersetzung mit dem lyrischen Werk initiieren, fordert Aufgabe 2 einen eher textanalytischen Zugang zum Gedicht. Dieser soll das genaue Lesen sowie das Erfassen möglichst vieler „Tiefenschichten" des Textes befördern, ist aber – vielleicht insbesondere in schwächeren Kursen – verzichtbar. Einen kreativen Impuls zum Weiterdenken setzt möglicherweise die Zusatzaufgabe 4, die durch ein freies Assoziieren zu Begriffen wie „Versicherungen" und „Vorsorge" sowie die individuelle Vernetzung von Text und Bild Gedankengänge in unterschiedlichste Richtungen zulässt.

Seite 17/18:

Die Weichen stellen: erfüllende Aufgaben finden

Vorbereitung: Vorlage(n) in Klassensatzstärke kopieren

Da angenommen werden kann, dass die Berufswahl einen beträchtlichen Einfluss auf die persönliche Lebensgestaltung und -zufriedenheit des Einzelnen hat, soll dieser Aspekt bei der Auseinandersetzung mit den eigenen Glücks- und Zukunftsvorstellungen nicht fehlen. Um den Schülern die Vielschichtigkeit der Entscheidung für oder gegen einen Beruf vor Augen zu führen, erscheint eine Zusammenstellung von Wahl-Aspekten als erster Überblick über die Komplexität an Kriterien als geeignet (Aufgaben 1 und 2). Ein vertiefendes Weiterdenken über den Stellenwert des Lebensbereichs Arbeit sowie über konkrete eigene Berufswünsche kann durch die Zusatzaufgaben 3 und 4 angestoßen werden.

Seite 19–22:

Auf der Strecke bleiben: verpasste Gelegenheiten und Scheitern

Vorbereitung: Vorlagen in Klassensatzstärke kopieren

Für das sensible Thema *Scheitern*, das ggf. mit belastenden eigenen Erlebnissen von Misserfolg und Versagen verknüpft wird, soll an dieser Stelle ein Zugang angeboten werden, der eine Reflexion des Themas über die Vermittlung einer Fremderfahrung ermöglicht.

Mittels einer kreativen Ergänzung fehlender Verse des Gedichts „Irrwege" von Erich Fried wird zunächst ein individuelles Nachdenken über die eigene Haltung zu Fehlentscheidungen und Versäumnissen initiiert, bevor der Vergleich der persönlichen Position mit dem originalen Wortlaut des Gedichts ein Hinterfragen des eigenen Gedankengangs anstößt. Eine ähnliche Intention, die persönliche Einstellung zu Scheitern und Versagen zu überdenken, verfolgt auch das Aufgabenangebot des Bibliologs, wobei dieses einen explizit religiösen Zugang zur Thematik eröffnet.

Durch die Parallelisierung und Kontrastierung wiederum der eigenen Ergänzungen eines (hier: Bibel-) Textes mit dem barmherzigen Zuspruch, den die lukanische Evangelienerzählung des verlorenen Sohnes in Wort und Tat des Vaters enthält, offenbart sich den Schülern das tröstende Versprechen, auch bei eigenen Fehltritten auf die Liebe Gottes hoffen zu dürfen.

Seite 23/24:

Kopfbahnhof: Innehalten und Neuausrichten

Vorbereitung: Songtext im Internet, z. B. unter www. songtexte.com aufrufen und in Klassensatzstärke kopieren, Kopieren des Placemat-Bogens auf DIN-A3-Bögen (in der Anzahl der Vierergruppen), Mitbringen des Popsongs sowie eines Abspielgeräts

Der Popsong „Wovon sollen wir träumen?" von Frida Gold thematisiert die – gerade auch von Jugendlichen und jungen Erwachsenen empfundene – Sehnsucht nach Zugehörigkeit und Sinn im Leben und greift mit seinen Fragen nach Heimat, Identität, Zukunft und verlässlichen Idealen essenzielle Sorgen, Hoffnungen und Bedürfnisse auf.

Bevor ggf. eine konkrete Arbeit am den Schülern schriftlich vorliegenden Text erfolgt, erscheint es empfehlenswert, einen Erstzugang über das unvoreingenommene Zuhören zu schaffen, um den Schülern ein freies Assoziieren und individuelles Schwerpunktsetzen zu ermöglichen. Auf diese Weise erhalten die Jugendlichen Gelegenheit, ihre Aufmerksamkeit auf selbstgewählte Textzeilen zu richten, die sie persönlich zu Zustimmung oder Ablehnung, Identifikation oder spontanen Antwortversuchen herausfordern. Eine Vertiefung dieser ersten Auseinandersetzung findet anschließend über die sachbezogene Arbeit am Songtext sowie die weiterführende Placemat-Reflexion in Vierergruppen statt. Da bei letzterer ein vertraulicher Austausch über eigene Lebenseinstellungen zustande und teilweise sehr persönliche Positionierungen zur Sprache kommen sollen, empfiehlt es sich hier, die Zusammenstellung der Arbeitsgruppen den Schülern zu überlassen. Des Weiteren sollten die Kursteilnehmer vor Beginn (und ggf. während der Durchführung) der Methode darauf hingewiesen werden, dass der erste Teil des Schreibgesprächs ohne jedwede mündliche Kommunikation stattfinden soll, um ein schüchternes Zurückhalten eigener Ansichten oder vorschnelles Übernehmen fremder Meinungen zu verhindern. Die Zusatzaufgabe 3 erweist sich nur dann als sinnvoll, wenn (relativ unmittelbar) zuvor das Gleichnis des barmherzigen Vaters Lk 15,11-32 behandelt worden ist. Ist dies der Fall, kann durch das Erstellen eines Tagebucheintrags des ‚verlorenen' Sohns sowohl eine Perspektivübernahme als auch eine gleichsam inhaltlich wie individuell reflektierte Verknüpfung angestoßen werden.

Seite 25–30:

„Sicherheitshinweis: Lassen Sie Ihr Glück nicht unbeachtet!"

Vorbereitung: Mandalas in Klassensatzstärke kopieren, farbige Stifte mitbringen lassen, Arbeitsmaterialien für die Schülergruppen A und B in jeweils halber Klassensatzstärke kopieren (am besten jeweils doppelseitig und zur besseren Unterscheidbarkeit auf verschiedenfarbigen Blättern), Arbeitsblatt mit der Methodenkarte „Lerntempoduett" in Klassensatzstärke kopieren

Die vorliegende Unterrichtseinheit soll die Schüler für den Glücksfaktor Achtsamkeit sensibilisieren und sie dabei gleichermaßen zur Auseinandersetzung mit einem vielverwendeten Modewort der Boulevardpresse wie mit der dahintersteckenden Idee einer aufmerksamen Umgebungswahrnehmung und eines entschleunigten Blicks auf die Welt anregen.

Das konzentrierte Ausmalen eines Mandalas dient als performativer Einstieg, sich dem Phänomen durch das eigene Erleben von stiller Beschäftigung und leistungsfreiem Tun anzunähern. Um den Schülern die Erfahrung eines intensiven Sich-Versenkens in der Tätigkeit zu ermöglichen, ist es wichtig, für eine in jeder Hinsicht störungsarme Umgebung zu sorgen, das heißt, ablenkende Faktoren wie z. B. überflüssiges Lernmaterial (Mäppchen, Hefter etc.) sowie Gespräche mit Mitschülern zu minimieren. Daher sollten die Kursteilnehmer vorab explizit darauf hingewiesen werden, dass das vorübergehende Arbeiten in Stille wesentlicher Teil des Lernerlebnisses und dessen späterer Reflexion ist. Um buchstäblich ‚zur Mitte' zu finden, kann zudem der Hinweis gegeben werden, das runde Mandala von außen nach innen zu gestalten; für ältere Schülergruppen bieten sich ggf. auch komplexere Motive als Kopiervorlage an, wie sie etwa die zur Zeit sehr beliebten und in vielen Buchhandlungen erhältlichen Ausmalbücher für Erwachsene enthalten. Da es beim performativen Lernen nicht nur um das bloße Erleben, sondern auch um eine kognitive Bewusstmachung und Auswertung der eigenen Erfahrung geht, sollten für das Nachdenken und das Gespräch über das Erlebte in jedem Fall genügend Zeit und Raum bereitgestellt werden.

Eine textbasierte Vertiefung des Mandala-Einstiegs wird durch das Angebot eines Lerntempoduetts (zur Methode: siehe Schülerarbeitsblatt, S. 30) ermöglicht. Dabei wird die Klasse/der Kurs in zwei Gruppen geteilt, im Idealfall dadurch, dass nebeneinander sitzenden Schülern immer abwechselnd unterschiedliches Arbeitsblattmaterial an die Hand gegeben wird. Die Doppelseite für Schüler A enthält mit der Geschichte des alten Mannes und dem Auszug aus dem Zeitungsartikel ebenso ein literarisches und ein journalistisches Textangebot wie das Arbeitsmaterial für Schüler B, dem ein Auszug aus dem Roman „Momo" sowie eine Glücksmomentliste zur Bearbeitung bereitstehen. Auch die Aufgabentypen beider Arbeitsblätter weisen dahingehend eine Ähnlichkeit auf, als dass jeweils zunächst ein grundlegendes Textverständnis dokumentiert und anschließend konkrete Beispiele für das Gelesene aus der eigenen Lebenswelt gefunden werden sollen. Durch die arbeitsteilige Durchdringung unterschiedlichen Materials eignen sich die Schüler verschiedene Aspekte und Facetten des Phänomens Achtsamkeit an, die sie einander in einer sich anschließenden Partnerarbeitsphase durch wechselseitiges Lehren und Lernen erläutern und ihr eigenes Wissen mittels der neuen Informationen erweitern.

Auf der Grundlage der damit erworbenen Kenntnisse verfassen die Schüler – entweder allein oder in den durch die Partnerarbeit entstandenen Zweierteams – einen eigenen Text, der den Begriff „Achtsamkeit" erklärt.

Damit die Schüler nach der Arbeitsphase am eigenen Material ohne Unruhe stiftendes Suchen einen Partner der anderen Gruppe finden, empfiehlt es sich, das Arbeitsmaterial auf verschiedenfarbiges Papier zu kopieren, sodass beispielsweise ein Schüler mit gelbem Arbeitsblatt sofort erkennt, dass ein Mitschüler mit grünem Arbeitsblatt ein geeigneter Partner für die Zweierarbeitsphase ist. Da es bei der Methode darum geht, dass Schüler mit gleichem Lerntempo zusammenfinden, ist es nicht sinnvoll, dass nebeneinandersitzende Schüler mit unterschiedlichen Arbeitsaufträgen bzw. Blattfarben aufeinander warten.

Alternativ zur hier vorgeschlagenen Methode des Lerntempoduetts können die Materialien – in vollem Umfang oder einer geeigneten Auswahl – auch von jeweils allen Schülern bearbeitet werden.

Der Fahrplan: meine individuellen Ziele

1. Stelle dir vor, dein Leben ist eine Bahnreise und du fährst mit deinem persönlichen Lebenszug durch die Zeit. Schließe für einen Moment die Augen und lasse das Bild, das durch diesen Vergleich in deinem Kopf entsteht, auf dich wirken. Folgende Fragen können dir helfen, möglichst konkret zu werden:

„Die Fahrscheine, bitte!“: Welche Voraussetzungen, Begabungen und Talente bringst du mit? In welchem „Abteil“, welcher Lebenssituation befindest du dich?

„Nächster Halt“: Was möchtest du in den nächsten Jahren erreichen? Welche Lebensstationen möchtest du anfahren?

Baustellen und Gleisarbeiten: Welche persönlichen Projekte sind dir im Moment wichtig? Worauf richtest du zur Zeit deine besondere Aufmerksamkeit?

„Stärkung gefällig?“ – das Bord-Bistro: Was gibt dir Kraft? Was tut dir gut?

Diesel- oder Dampflok: Was treibt dich an und motiviert dich? Hast du ein Motto?

„Wir bitten um Verständnis!“ – Verzögerungen und Zugausfälle: Bist du schon einmal gescheitert oder gibt es Entscheidungen, die du bereust? Was läuft vielleicht gerade nicht reibungslos oder hält dich davon ab, deine Ziele zu verfolgen?

Schaffner und Zugführer: Wem vertraust du, dich zu (beg)leiten? Wer ist deine Orientierung, dein Vorbild?

Mitreisende: Wen schätzt du besonders als Wegbegleiter? Wer ist dir wichtig?

Erich Kästner

Das Eisenbahngleichnis (1932)

Wir sitzen alle im gleichen Zug
und reisen quer durch die Zeit.
Wir sehen hinaus. Wir sahen genug.
Wir fahren alle im gleichen Zug.
Und keiner weiß, wie weit.

Ein Nachbar schläft, ein anderer klagt,
ein dritter redet viel.
Stationen werden angesagt.
Der Zug, der durch die Jahre jagt,
kommt niemals an sein Ziel.

Wir packen aus. Wir packen ein.
Wir finden keinen Sinn.
Wo werden wir wohl morgen sein?
Der Schaffner schaut zur Tür herein
und lächelt vor sich hin.

Auch er weiß nicht, wohin er will.
Er schweigt und geht hinaus.
Da heult die Zugsirene schrill.
Der Zug fährt langsam und hält still.
Die Toten steigen aus

Ein Kind steigt aus. Die Mutter schreit.
Die Toten stehen stumm
am Bahnsteig der Vergangenheit.
Der Zug fährt weiter, er jagt durch die Zeit
und niemand weiß, warum.

Die 1. Klasse ist fast leer.
Ein feister Herr sitzt stolz
im roten Plüsch und atmet schwer.
Er ist allein und spürt das sehr.
Die Mehrheit sitzt auf Holz.

Wir reisen alle im gleichen Zug
zu Gegenwart in spe.[1]
Wir sehen hinaus. Wir sahen genug.
Wir sitzen alle im gleichen Zug
und viele im falschen Coupé.[2]

> **Metapher**
> *Stilmittel, sprachlicher Ausdruck, bei dem ein Wort (eine Wortgruppe) aus seinem (ihrem) eigentlichen Bedeutungszusammenhang in einen anderen übertragen wird.*

[1] *in spe:* wörtl. „in Hoffnung"; gemeint ist: voraussichtlich, bald
[2] *Coupé:* Abteil

© Anna-Lena Ramm / PIXELIO; www.pixelio.de

1. *Lies das Gedicht und lasse es einen Moment auf dich wirken. Welche Stimmung erzeugt es in dir? (Mithilfe welcher konkreten Verse) Kannst du diesen Eindruck begründen?*
2. *Schon der Titel des Gedichts gibt an, dass es sich bei dem Text um ein Gleichnis handelt, das heißt, es möchte nicht nur wörtlich, sondern auch in einem übertragenen Sinn verstanden werden.*
   a) Markiere im Gedicht Wörter und Versteile, die auch als Metaphern für Zustände und Ereignisse im Leben verstanden werden können.

   Tipp: Dies können z. B. Orte, Tätigkeiten der Reisenden o. Ä. sein.

   b) Entschlüssle die gefundenen Metaphern und gib an, was sie jeweils konkret bedeuten könnten.

   Beispiel: „S t a t i o n e n werden angesagt" (V. 8) → Lebensereignisse, die fast jeder Mensch üblicherweise erlebt, z. B. Geburt, Einschulung, Heirat, …
3. *Vergleiche die Überlegungen zu deiner eigenen Lebensbahnfahrt mit den Ergebnissen, die du am Gedicht erarbeitet hast. Was fällt dir auf?*

Zusatzaufgabe für Schnelle:

4. *Betrachte obenstehendes Bild genau und setze es in Beziehung zu Kästners Gedicht.*

Die Weichen stellen: erfüllende Aufgaben finden

1. *Wähle aus folgenden Begriffen drei Aspekte aus, die dir bei der Wahl deines Traumberufes besonders wichtig sind.*
2. *Sortiere deine Auswahl nach Wichtigkeit und notiere auf einem separaten Blatt in Stichpunkten, warum du dich für diese Aspekte und diese Reihenfolge entschieden hast.*

- ☐ gutes Gehalt
- ☐ mich für andere einsetzen, Gutes tun
- ☐ an der frischen Luft sein
- ☐ Familientraditionen fortführen
- ☐ Prestige, gesellschaftliches Ansehen
- ☐ bedeutsam sein
- ☐ geregelte Arbeitszeiten
- ☐ Vereinbarkeit von Familie und Beruf
- ☐ mit anderen Menschen zusammenarbeiten
- ☐ Macht, Einfluss haben
- ☐ Sicherheit, fester Job
- ☐ kreativ sein können
- ☐ Heimatnähe, Stabilität
- ☐ Abwechslung
- ☐ Selbstbestimmtheit
- ☐ Selbstverwirklichung
- ☐ in der Welt 'rumkommen
- ☐ immer etwas dazulernen können
- ☐ meinen privaten Interessen nachgehen können
- ☐ in der Öffentlichkeit sein
- ☐ etwas für meine Ideale tun (z. B. Umweltschutz)
- ☐ ______________________

3. *Wähle eines der Zitate aus, das dich besonders anspricht – entweder, weil du ihm spontan zustimmen kannst oder aber weil es dich zum Widerspruch reizt. Halte deine Überlegungen in Stichpunkten fest und tausche dich anschließend mit einem Partner über deine Gedanken aus.*

„Zuletzt ist jede Stelle gut, wenn man sie gut und treu ausfüllt."
(Theodor Fontane)

„Man sollte arbeiten, um zu leben, und nicht leben, um zu arbeiten."
(Redensart)

„Der Mensch ist zur Arbeit geboren wie der Vogel zum Fliegen."
(Martin Luther)

„Die Arbeit, die tüchtige, intensive Arbeit, die einen ganz in Anspruch nimmt mit Hirn und Nerven, ist doch der größte Genuss im Leben."
(Rosa Luxemburg)

„Ohne Arbeit ist keine Gesundheit der Seele noch des Leibes, ohne diese keine Glückseligkeit möglich."
(Christoph Martin Wieland)

„Könnte ich leben, ohne zu arbeiten, ich wäre das glücklichste Wesen unter der Sonne."
(Franziska Gräfin zu Reventlow)

Zusatzaufgabe:

4. Verfasse einen Brief an dein zukünftiges Ich, in dem du dir deinen Traumberuf möglichst detailliert ausmalst.

- *In welcher Branche bist du tätig?*
- *Was machst du den ganzen Tag?*
- *Was gefällt dir daran?*
- *Wie sieht dein Arbeitsplatz aus?*
- *Mit wem arbeitest du zusammen?*
- *...*

Deine Prioritätenliste aus Aufgabe 1 und die vorgegebenen Satzanfänge können dir helfen.

Liebe(r) Zukunfts-____________________________ ,
ich freue mich, dich in deinem Beruf so zufrieden zu sehen.
Es ist schön, dass du als ...

Sicherlich genießt du es, ...

Ich kann mir vorstellen, dass es viel Spaß macht, ...

Bestimmt ist es ganz schön erfüllend, ...

Besonders freut mich, dass du dein Talent, ...

Schließlich wolltest du schon als Jugendliche(r) immer ...

Hoffentlich wirst du nie die Freude an dem verlieren, was du tust.

Viele Grüße
Dein(e)

Auf der Strecke bleiben: verpasste Gelegenheiten und Scheitern

1. *Vervollständige das Gedicht, indem du auf den Linien passende Versteile ergänzt und ihm einen sinnvollen Titel gibst.*
2. *Tausche dich mit einem Partner über eure Lösungen aus und vergleicht die Aussage, die das Gedicht durch eure Ergänzungen erhält.*
3. *Lest den originalen Wortlaut des Gedichts und*
   a) vergleicht ihn mit den von euch gefundenen Versen,
   b) versucht, ein „Motto" aus dem Gedicht abzuleiten.

____

Ich darf enttäuscht sein,
aber ich darf nicht enttäuscht sein, weil ich ______________________.
Ich darf nicht weitergehen, wenn ich ______________________,
auch nicht aus Liebe zu Freunden, die weitergehen wollen,
auch nicht aus Dankbarkeit für die Schönheit des Weges
oder aus Bewunderung für seinen großen Entwurf.

Aber ich darf nicht aus Enttäuschung über den Irrweg
auf einen Stein steigen und schreien: „______________________!"
Und ich darf auch nicht hingehen zu denen,
die sitzen auf ihrer Bank
und sich freuen am Unglück und an der Angst der Verirrten,
und mich zu ihnen setzen oder vor ihnen verbeugen
und sagen: „______________________."

Ich darf natürlich müde sein, wenn ich müde bin.
Ich darf auch sterben, wenn ich sterben muss ohne Hilfe,
aber ich darf nicht ______________________
und ich darf nicht ______________________.

Besser zehn Irrwege ______________________,
besser sterben am Irrweg als ______________________
______________________,
besser sich verirren und sogar besser,
andere, weil man sich irrt, in die Irre führen
als ______________________.

Den, der den Irrweg geht, darf ich laut schelten,
um sein Ohr zu erreichen und ihn abzubringen vom Irrweg,
aber nie darf ich sagen: „______________________."

Ich darf warnen vor Irrwegen und ich darf gegen die,
die Irrwege gehen und zeigen,
ankämpfen, um sie zu hindern,
aber ich, der schon mehr als einen Irrweg zu gehen versuchte,
darf mich nie ______________________.

(Erich Fried)

Erich Fried

Irrwege

Ich darf enttäuscht sein,
aber ich darf nicht enttäuscht sein, weil ich **enttäuscht bin**.
Ich darf nicht weitergehen, wenn ich **sehe, ein Weg ist ein Irrweg,**
auch nicht aus Liebe zu Freunden, die weitergehen wollen,
auch nicht aus Dankbarkeit für die Schönheit des Weges
oder aus Bewunderung für seinen großen Entwurf.

Aber ich darf nicht aus Enttäuschung über den Irrweg
auf einen Stein steigen und schreien: **„Es gibt überhaupt keinen Weg mehr!"**
Und ich darf auch nicht hingehen zu denen,
die sitzen auf ihrer Bank
und sich freuen am Unglück und an der Angst der Verirrten,
und mich zu ihnen setzen oder vor ihnen verbeugen
und sagen: **„Wie recht ihr hattet, dass ihr nie einen Weg gesucht habt!"**

Ich darf natürlich müde sein, wenn ich müde bin.
Ich darf auch sterben, wenn ich sterben muss ohne Hilfe,
aber ich darf nicht **müde bleiben wollen**
und ich darf nicht **ein für alle Mal müde sein, müde zu werden**.

Besser zehn Irrwege **als gar keinen Weg suchen,**
besser sterben am Irrweg als **sitzen auf einer Bank**
und sich freuen am Wanken und Hinfallen der Verirrten,
besser sich verirren und sogar besser,
andere, weil man sich irrt, in die Irre führen
als **ihnen abreden von jeder Suche nach Wegen,**
solange es möglich ist, dass da noch ein Weg ist.

Den, der den Irrweg geht, darf ich laut schelten,
um sein Ohr zu erreichen und ihn abzubringen vom Irrweg,
aber nie darf ich sagen: **„Der dort geht, soll meinetwegen vergehen,**
denn er geht einen Irrweg."

Ich darf warnen vor Irrwegen und ich darf gegen die,
die Irrwege gehen und zeigen,
ankämpfen, um sie zu hindern,
aber ich, der schon mehr als einen Irrweg zu gehen versuchte,
darf mich nie **für besser halten als die auf dem Irrweg**.

Scheitern – ein Thema der Bibel: Das Gleichnis vom verlorenen Sohn

Dass Menschen auf Irrwege geraten und Fehler machen, ist ein Thema, das wohl so alt ist wie die Menschheit selbst. Auch in der Bibel sind zahlreiche Geschichten zu finden, die von Misserfolg und Scheitern handeln. Eine davon erzählt Jesus in der Gestalt eines Gleichnisses, mit dem er seinen Zuhörern die Botschaft vom Reich Gottes verkünden will. Der Evangelist Lukas schreibt sie auf, doch nicht alle Gedanken und Gefühle der Figuren formuliert er aus.

1. Lies den folgenden Bibeltext aufmerksam und halte jeweils nach den vorgegebenen Absätzen inne. Versetze dich dort in die jeweilige Figur und ergänze, bevor du weiterliest, die Gedanken und Gefühle, die sie in dieser Situation hegen könnte. Formuliere in der Ich-Perspektive.

[11] Weiter sagte Jesus: Ein Mann hatte zwei Söhne. [12] Der jüngere von ihnen sagte zu seinem Vater: „Vater, gib
mir das Erbteil, das mir zusteht." Da teilte der Vater das Vermögen auf. [13] Nach wenigen Tagen packte der
jüngere Sohn alles zusammen und zog in ein fernes Land.

a) Du bist der jüngere Sohn. Was hast du vor? Welche Pläne, Wünsche und Hoffnungen hast du?

____

____

____

Dort führte er ein zügelloses Leben und verschleuderte sein Vermögen.

b) Du bist ein(e) Bekannte(r) des jüngeren Sohnes und hast in den vergangenen Monaten häufig mit ihm gegessen und gefeiert. Wie stehst du zu ihm? Wie findest du seinen Lebensstil?

____

____

____

[14] Als er alles durchgebracht hatte, kam eine große Hungersnot über das Land, und es ging ihm sehr schlecht.
[15] Da ging er zu einem Bürger des Landes und drängte sich ihm auf; der schickte ihn aufs Feld zum Schweine-
hüten. [16] Er hätte gern seinen Hunger mit den Futterschoten gestillt, die die Schweine fraßen; aber niemand
gab ihm davon. [17] Da ging er in sich und sagte: Wie viele Tagelöhner meines Vaters haben mehr als genug zu
essen, und ich komme hier vor Hunger um. [18] Ich will aufbrechen und zu meinem Vater gehen und zu ihm
sagen: Vater, ich habe mich gegen den Himmel und gegen dich versündigt. [19] Ich bin nicht mehr wert, dein Sohn
zu sein; mach mich zu einem deiner Tagelöhner. [20] Dann brach er auf und ging zu seinem Vater.

c) Du bist der jüngere Sohn. Wie geht es dir auf deinem Weg nach Hause? Welche Hoffnungen oder Befürchtungen hast du? Wie stellst du dir die Reaktion deines Vaters vor?

____

____

____

Der Vater sah ihn schon von weitem kommen, und er hatte Mitleid mit ihm. Er lief dem Sohn entgegen, fiel
ihm um den Hals und küsste ihn. 21 Da sagte der Sohn: „Vater, ich habe mich gegen den Himmel und gegen
dich versündigt; ich bin nicht mehr wert, dein Sohn zu sein." 22 Der Vater aber sagte zu seinen Knechten: „Holt
schnell das beste Gewand, und zieht es ihm an, steckt ihm einen Ring an die Hand, und zieht ihm Schuhe an. 23
Bringt das Mastkalb her, und schlachtet es; wir wollen essen und fröhlich sein. 24 Denn mein Sohn war tot und
lebt wieder; er war verloren und ist wiedergefunden worden." Und sie begannen, ein fröhliches Fest zu feiern.

d) Du bist einer der Knechte und erlebst die Rückkehr des Sohnes mit. Wie findest du das Verhalten deines Herrn? Was denkst du über die Entscheidung des Sohnes zur Rückkehr?

____

____

____

25 Sein älterer Sohn war unterdessen auf dem Feld. Als er heimging und in die Nähe des Hauses kam, hörte er
Musik und Tanz. 26 Da rief er einen der Knechte und fragte, was das bedeuten solle. 27 Der Knecht antwortete:
„Dein Bruder ist gekommen, und dein Vater hat das Mastkalb schlachten lassen, weil er ihn heil und gesund
wiederbekommen hat."

e) Du bist der ältere Sohn. Was empfindest du gegenüber deinem Bruder? Wie möchtest du auf seine Rückkehr reagieren? Wie stehst du zu dem Verhalten eures Vaters?

____

____

____

28 Da wurde er zornig und wollte nicht hineingehen. Sein Vater aber kam heraus und redete ihm gut zu.
29 Doch er erwiderte dem Vater: „So viele Jahre schon diene ich dir, und nie habe ich gegen deinen Willen
gehandelt; mir aber hast du nie auch nur einen Ziegenbock geschenkt, damit ich mit meinen Freunden ein
Fest feiern konnte. 30 Kaum aber ist der hier gekommen, dein Sohn, der dein Vermögen mit Dirnen durchge-
bracht hat, da hast du für ihn das Mastkalb geschlachtet." 31 Der Vater antwortete ihm: „Mein Kind, du bist
immer bei mir, und alles, was mein ist, ist auch dein. 32 Aber jetzt müssen wir uns freuen und ein Fest feiern;
denn dein Bruder war tot und lebt wieder; er war verloren und ist wiedergefunden worden."

(Lk 15,11-32)

2. Vergleiche deine Überlegungen zu den Gedanken der Figuren
   a) mit den Ergänzungen deiner Mitschüler(innen).
   b) an den Stellen c) und e) mit der Art und Weise, wie der Vater bzw. der ältere Sohn im weiteren Verlauf der Geschichte tatsächlich reagiert. Wie erklärst du dir ihr Verhalten?

3. Jesus erzählt dieses Gleichnis, um seinen Zuhörern das Reich Gottes zu veranschaulichen. Was sagt er darin über das Verhältnis Gottes zum Menschen aus? Wie geht Gott mit den Fehlern und Misserfolgen des Menschen um? Was dürfen wir hoffen, wenn wir scheitern?
Formuliere deine Antwort in 100 Worten auf einem Blatt/in deinem Heft.

Kopfbahnhof: Innehalten und Neuausrichten

1. Höre dem Text des Popsongs „Wovon sollen wir träumen“ von Frida Gold genau zu und formuliere in eigenen Worten.

a) womit das lyrische Ich unzufrieden ist,

b) wonach sich das lyrische Ich sehnt.

2. Im Refrain und am Ende des Liedes werden Fragen aufgeworfen, die nach dem Sinn des Lebens ausgreifen. Findet euch zu viert zusammen und geht den Gedankenanstößen des Songtextes mithilfe des DIN-A3-Bogens, den ihr von eurer Lehrkraft erhaltet, nach.

Setzt euch dazu so um das Blatt herum, dass jeder zunächst ein Feld vor sich hat. Notiert eure Gedanken zu der jeweiligen Fragestellung, ohne dabei zu sprechen, und dreht das Blatt im Uhrzeigersinn, bis jede(r) von euch alle Felder stumm für sich bearbeitet hat. Lasst den Bogen dann nochmals kreisen und lest leise die Überlegungen eurer Mitschüler(innen), bevor ihr euch mündlich darüber und über die Songtitelfrage in der Mitte austauscht.

3. Zusatzaufgabe für Schnelle:
Stellt euch vor, der „verlorene Sohn“ aus dem Gleichnis des Lukasevangeliums hört im Radio Frida Golds Song. Welche Gedanken gehen ihm wohl durch den Kopf? Notiere sie in Form eines Tagebucheintrags aus der Ich-Perspektive des jungen Mannes.

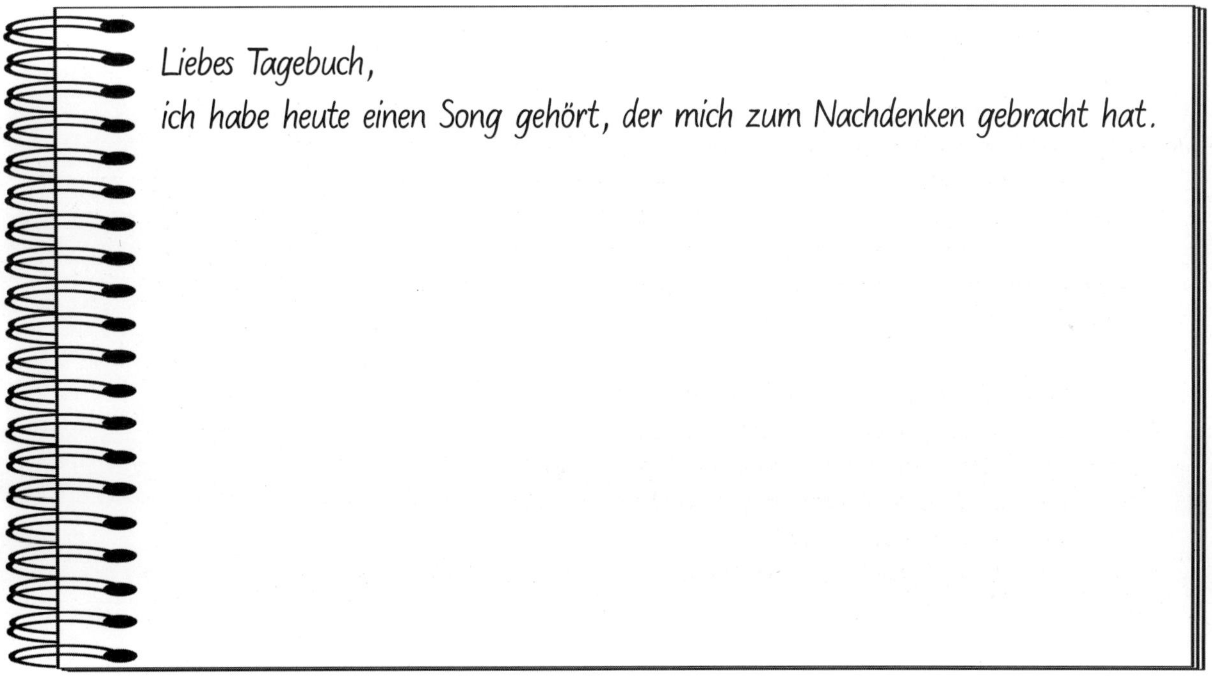

Wovon sollen wir träumen?

Wo sind wir zu Haus?

Wo fühlst du dich wohl und geborgen?
Was bedeutet Heimat für dich?
Wo gehörst du dazu?

Woran können wir glauben?

Auf wen kannst du dich verlassen? Wem vertraust du?
Für welche Ideale trittst du ein? Für welche Ziele lohnt es sich zu kämpfen?

Wo führt das hin?
Was kommt und bleibt?

Welche Erwartungen hast du an die Zukunft?
Welche Entwicklungen betrachtest du mit Sorge?
Welches Glück ist von Dauer?

Wann hört das auf? Wann komm`n wir hier raus?

Aus welchen Zwängen würdest du gern ausbrechen? Was wünschst du dir, dass bald vorbei ist? Welche Gewohnheiten würdest du gern ändern?

„Sicherheitshinweis: Lassen Sie Ihr Glück nicht unbeachtet!"

1. *Lege dir die Stifte zurecht, die du bei der Gestaltung des Mandalas verwenden willst. Räume anschließend alles andere in deine Schultasche (auch dein Mäppchen, deinen Schnellhefter etc.).*
2. *Male das Mandala in Ruhe sorgfältig aus. Lass dir dabei Zeit und konzentriere dich ganz auf dein eigenes Bild! Die Werke deiner Mitschüler(innen) kannst du später betrachten.*

3. *Tausche dich im Anschluss an die Mandala-Übung mit einem/einer Mitschüler(in) aus: Wie geht es dir jetzt? Wie hast du dich während des Malens gefühlt?*

Was ist Achtsamkeit? – Auf den Spuren eines Modewortes

A

Buchhandlungen und Boulevardblätter sind voll von Glücksratgebern und Tipps zur Suche nach Lebenssinn und Leichtigkeit. Oftmals heißt es darin, „Achtsamkeit" sei der Schlüssel zu Erfüllung und Zufriedenheit. Doch was ist das eigentlich?

Eine alte Geschichte berichtet von einem weisen Mann, der von den Menschen gefragt wurde, wie er trotz der Hektik dieser Welt so ruhig sein könne.

Darauf antwortete er: „Wenn ich stehe, dann stehe ich. Wenn ich gehe, dann gehe ich. Wenn ich sitze, dann sitze ich. Wenn ich esse, dann esse ich. Wenn ich spreche, dann spreche ich."

Da sagten die Fragesteller: „Das tun wir auch, aber was machst du anders?"

Er wiederholte, was er bereits gesagt hatte: „Wenn ich stehe, dann stehe ich. Wenn ich gehe, dann gehe ich. Wenn ich sitze, dann sitze ich. Wenn ich esse, dann esse ich. Wenn ich spreche, dann spreche ich."

Wieder sagten die Menschen: „Das tun wir doch auch!"

Er aber antwortete:
„Nein, ihr macht es anders: Wenn ihr steht, dann geht ihr schon. Wenn ihr geht, dann lauft ihr schon. Wenn ihr lauft, dann seid ihr schon am Ziel."

1. *Lies die obenstehende Geschichte und fasse die Botschaft des weisen Mannes in Form eines Kalenderspruches zusammen.*

____

____

____

2. *Kannst du seine Beobachtung an der Lebensführung der Fragesteller auch für dein Leben bestätigen? (Wann) Machst du auch manchmal mehrere Dinge gleichzeitig? Wenn ja: Wieso tust du das? Wie geht es dir dabei? Nenne konkrete Beispiele.*

Bügeln macht glücklich

Einfache Aktivitäten vertreiben depressive Stimmung

Kochen, putzen oder einfach einen Tee aufbrühen: Einfache, aber bewusst ausgeführte Handlungen können im Alltag dazu beitragen, depressive Stimmungslagen zu vertreiben. [...] Selbst wenn Menschen mit psychischen Problemen etwas Schönes erleben, sind sie oft nicht in der Lage, dies positiv zu bewerten.

Achtsamkeitsübungen können diesen Menschen jedoch helfen, das Erlebte neutral zu sehen. Sie können so ihre negativen Gefühle besser kontrollieren und dabei sogar ihre Konzentrationsfähigkeit steigern. Zum Üben eignen sich beispielsweise einfache Hausarbeiten oder sinnlose Dinge, wie einen Apfel zu schälen, ohne abzusetzen, sodass die Schale eine einzige lange Schnur ergibt. Dabei muss man sich ausschließlich auf den Apfel und das Schälen konzentrieren. Störende Gedanken sollte man beiseiteschieben. Am besten plant man jeden Tag einige Minuten fest für solche Achtsamkeitsübungen ein.

3. Lies oben stehenden Zeitungsartikel und gib seine Kernaussage in eigenen Worten wieder.

4. Finde weitere Beispieltätigkeiten, die sich als Achtsamkeitsübung im Alltag anbieten könnten.

Was ist Achtsamkeit? – Auf den Spuren eines Modewortes

B

Buchhandlungen und Boulevardblätter sind voll von Glücksratgebern und Tipps zur Suche nach Lebenssinn und Leichtigkeit. Oftmals heißt es darin, „Achtsamkeit“ sei der Schlüssel zu Erfüllung und Zufriedenheit. Doch was ist das eigentlich?

Die folgende Geschichte ist dem Roman „Momo“ von Michael Ende entnommen. Sie erzählt von Beppo, dem Straßenkehrer, der der kleinen Momo erklärt, wie er seine Arbeit verrichtet.

Er fuhr jeden Morgen lange vor Tagesanbruch mit seinem alten, quietschenden Fahrrad in die Stadt zu einem großen Gebäude. Dort wartete er in einem Hof zusammen mit seinen Kollegen, bis man ihm einen Besen und einen Karren gab und ihm eine bestimmte Straße zuwies, die er kehren sollte. Beppo liebte diese Stunden vor Tagesanbruch, wenn die Stadt noch schlief. Und er tat seine Arbeit gern und gründlich. Er wusste, es war eine sehr notwendige Arbeit.
Wenn er so die Straßen kehrte, tat er es langsam, aber stetig: Bei jedem Schritt einen Atemzug und bei jedem Atemzug einen Besenstrich. Dazwischen blieb er manchmal ein Weilchen stehen und blickte nachdenklich vor sich hin. Und dann ging es wieder weiter: Schritt – Atemzug – Besenstrich.

Während er sich so dahinbewegte, vor sich die schmutzige Straße und hinter sich die saubere, kamen ihm oft große Gedanken. Aber es waren Gedanken ohne Worte, Gedanken, die sich so schwer mitteilen ließen wie ein bestimmter Duft, an den man sich nur gerade eben noch erinnert, oder wie eine Farbe, von der man geträumt hat. Nach der Arbeit, wenn er bei Momo saß, erklärte er ihr seine großen Gedanken. Und da sie auf ihre besondere Art zuhörte, löste sich seine Zunge, und er fand die richtigen Worte.

„Siehst du, Momo“, sagte er dann zum Beispiel, „es ist so: Manchmal hat man eine sehr lange Straße vor sich. Man denkt, die ist so schrecklich lang; das kann man niemals schaffen, denkt man.“
Er blickte eine Weile schweigend vor sich hin, dann fuhr er fort: „Und dann fängt man an, sich zu beeilen. Und man eilt sich immer mehr. Jedes Mal, wenn man aufblickt, sieht man, dass es gar nicht weniger wird, was noch vor einem liegt. Und man strengt sich noch mehr an, man kriegt es mit der Angst, und zum Schluss ist man ganz außer Puste und kann nicht mehr. Und die Straße liegt immer noch vor einem. So darf man es nicht machen.“
Er dachte einige Zeit nach. Dann sprach er weiter: „Man darf nie an die ganze Straße auf einmal denken, verstehst du? Man muss nur an den nächsten Schritt denken, an den nächsten Atemzug, an den nächsten Besenstrich. Und immer wieder nur an den nächsten.“
Wieder hielt er inne und überlegte, ehe er hinzufügte: „Dann macht es Freude; das ist wichtig, dann macht man seine Sache gut. Und so soll es sein.“
Und abermals nach einer langen Pause fuhr er fort: „Auf einmal merkt man, dass man Schritt für Schritt die ganze Straße gemacht hat. Man hat gar nicht gemerkt wie, und man ist nicht außer Puste.“
Er nickte vor sich hin und sagte abschließend: „Das ist wichtig.“

1. *Lies den Textauszug aus dem Roman „Momo" und fasse Beppos Botschaft mit eigenen Worten in Form eines Kalenderspruches zusammen.*

2. *Kennst du solche Situationen, in denen man sich von all dem Anstehenden überfordert fühlt, aus deinem eigenen Leben? (Wann) Hast du schon einmal die Erfahrung gemacht, nicht zu wissen, wie du eine Arbeit schaffen oder eine Aufgabe bewältigen kannst? Wie hast du die Situation gelöst? Nennen konkrete Beispiele.*

3. *Lies den nebenstehenden Beitrag von Menschen, die nach ihren persönlichen Glücksmomenten befragt wurden.*

Was haben alle diese Alltagsglücksmomente gemeinsam?

Welche „Fähigkeit" des Glücksmoment-Erlebens setzen sie voraus?

Ein Glücksmoment im Alltag der letzten Woche war für mich, als …

- … ich von der Nachtschicht heimkam und mir der Duft des frischen Brotes in die Nase stieg, das meine Frau gebacken hatte.
- … ich beim Spazierengehen die ersten Zugvögel auf dem Heimflug gesehen habe.
- … ich heute nach dem Morgenjogging das warme Duschwasser auf meine Haut perlen spürte.
- … es das Maracuja-Eis, das wir als Kinder immer auf dem Campingplatz gegessen haben, am gleichen Kiosk immer noch gab – und genauso schmeckte wie früher.
- … meine totgeglaubte Orchidee doch wieder einen Trieb bekommen hat.

Was ist Achtsamkeit? – Auf den Spuren eines Modewortes

Methode Lerntempoduett

Du hast dich bereits mithilfe des letzten Arbeitsblattes allein mit dem Begriff „Achtsamkeit" auseinandergesetzt. Nun sitzt du mit einem Partner / einer Partnerin zusammen, der / die einen anderen Zeitungsausschnitt und eine andere Geschichte bearbeitet hat als du. Durch seine / ihre Erkenntnisse sollst du dein eigenes Wissen zum Thema erweitern und auch seine / ihre Lernergebnisse vertiefen. Da ihr unterschiedliche Text-Voraussetzungen habt, müsst ihr euch eure Lösungen und wie ihr auf sie gekommen seid, besonders sorgfältig und ausführlich erklären. Erst anschließend könnt ihr gemeinsam den weiterführenden Arbeitsauftrag erfüllen.

1. *Stellt euch gegenseitig die Texte und Aufgaben vor, die ihr bearbeitet habt, und erläutert wechselseitig eure Lösungen.*

2. *Tauscht euch mündlich darüber aus, welche Gemeinsamkeiten*

   a) die Botschaften des weisen Mannes und des Straßenkehrers Beppo,

   b) die Tätigkeiten und Erlebnisse, die zum „Alltagsglück" führen können,

   aufweisen und inwiefern sie dazu dienen, den Begriff „Achtsamkeit" genauer zu verstehen.

3. *Zusatzaufgabe für Schnelle:*

   a) Verfasst entweder eine Definition des Begriffs „Achtsamkeit" für ein Lexikon (ca. 100 Worte)

   b) oder stellt euch vor, die Schülerzeitung bittet euch, für die nächste Ausgabe als Glückscoach zu arbeiten. Verfasst einen Artikel für eure Mitschüler(innen), in dem ihr ihnen den Begriff „Achtsamkeit" erklärt und konkrete Tipps für ihren Alltag gebt (z. B. den ersten Bissen in das Pausenbrot mit geschlossenen Augen genießen, an der Bushaltestelle den Tau auf den Blättern bewundern, ...).

Didaktisch-methodische Hinweise

Seite 33:

Einsam oder zweisam – Braucht es für das Glück den anderen?

<u>Vorbereitung:</u> Vorlage in Klassensatzstärke kopieren; der Klassenraum sollte so präpariert sein, dass ausreichend freie Flächen zur Verfügung stehen; evtl. meditative Hintergrundmusik

Der Mensch ist als soziales Wesen nicht nur auf sich, sondern genauso auf andere verwiesen. In dieser ersten Einheit sollen die Schüler mithilfe einer einfachen Übung ganz reduziert erfahren, was die Anwesenheit eines anderen im Gegensatz zum Alleinsein bedeutet.

Wie jedes performative Unterrichtsarrangement sollte auch dieses dem üblichen Dreischritt folgen: 1. Für eine größtmögliche Handlungssicherheit wird den Schülern zunächst der Ablauf der Übung erklärt. 2. Es folgen die Durchführung und 3. die (schriftliche) Reflexion in Form einer Stellungnahme. Diese bündelt die gemachten Erfahrungen und spitzt sie zu auf die Glücksthematik.

Seite 34/35:

Echte Freunde?! – Drei Arten der Freundschaft

<u>Vorbereitung:</u> Vorlagen in Klassensatzstärke kopieren; Plakate, Buntstifte, Scheren, Kleber oder Klebeband, Filzstifte (schwarz oder blau für die Linien zwischen den Begriffen)

Freundschaft ist das bestimmende Thema bei Kindern und Jugendlichen. Aristoteles hat in seiner „Nikomachischen Ethik" systematisch und bis heute gültig aufgezeigt, worin das Wesen der Freundschaft besteht und welche Freundschaftsarten existieren. Die Schüler erschließen das aristotelische Gedankengut, indem sie die Ausführungen des Sachtextes in ein Begriffsnetz überführen und ihr Wissen abschließend in Form einer Spielszene anwenden.

Als Einstieg in die Thematik „Freundschaft" sind mannigfaltige Impulse zur Stundeneröffnung geeignet. Vorgeschlagen sei hier nur der Song „Echte Fründe" der Kölner Musikgruppe „Höhner" (siehe YouTube). Die Aufgaben 1. bis 3. dienen der Texterschließung, wobei die Schlüsselbegriffe in leistungsstarken Lerngruppen nicht vorgegeben werden müssen. Hier könnte nach einer Erstlektüre des Textes in Einzelarbeit das Festhalten von zehn bis fünfzehn selbstgewählten Begriffen erfolgen, woran sich etwa über die Placemat-Methode eine gemeinschaftliche Einigung auf den Begriffsfundus der Gruppe anschließen würde.

Ebenfalls lerngruppenabhängig sind die Einbindung einer möglichen Zwischensicherung nach Aufgabe 3. und eine eher freiere oder stärker gelenkte Gestaltung der Spielszene/-n.

Seite 36:

Einen besonderen Menschen treffen – Verliebt sein und lieben

<u>Vorbereitung:</u> Vorlage in Klassensatzstärke kopieren, DIN-A3- oder DIN-A4-Bögen (blanko) für die eigenen Kartenzeichnungen bereithalten, farbige Stifte mitbringen lassen, ggf. Medium zur Projektion der Karte in Farbe bereitstellen (Bild erhältlich unter: http://libweb5.princeton.edu/visual_materials/maps/websites/thematic-maps/theme-maps/breitkopf-map-1777.jpg)

Zum glücklichen Leben zählt für viele Jugendliche auch die Vorstellung einer erfüllten Partnerschaft und einer auf Treue und Verlässlichkeit aufbauenden Liebesbeziehung. Da die konkreten eigenen Erfahrungen jedoch oftmals noch hinter den erträumten Zukunftsplänen und -wünschen zurückstehen, gilt es an dieser Stelle vorrangig, die Schüler darin zu ermutigen, sich ihrer Sehnsüchte und Partnerschaftsideale bewusst zu werden.
Es versteht sich von selbst, dass bei einem derart intimen Thema große Behutsamkeit gefordert ist und ein Austausch über die eigenen Pläne und Vorstellungen nur in einem weitgehend selbstgewählten, geschützten Rahmen stattfinden kann. Die Karte „Reich der glücklichen Liebe" aus dem 18. Jahrhundert bietet eine diskrete Annäherung an das Themenfeld *Liebe* und damit verbundene Aspekte wie Vertrauen und Eifersucht, Zärtlichkeit und Sexualität. Indem die Schüler darauf im metaphorischen Sinne Gipfel und Täler, Orte und Regionen erkunden, reflektieren sie die verschiedenen Facetten von Partnerschaft. Durch die sich daran anschließende Gestaltung einer eigenen Karte vertiefen sie das Nachdenken über individuell für sie wichtige Aspekte auf kreative Weise und kommen ohne Peinlichkeiten darüber ins Gespräch.

Seite 37/38:

„Trautes Heim – Glück allein?!" – Partnerschaft und Familie

Vorbereitung: Vorlagen in Klassensatzstärke kopieren

In buchstäblich bildlicher Anknüpfung an die Karte „Reich der glücklichen Liebe" aus der Vorstunde – oder auch unabhängig von dieser – reflektieren die Schüler mit dem hier angeboten Arbeitsmaterial zunächst die Redensart von der Familie als „Gemeinschaft in der Gemeinschaft", als „Staat im Staat", indem sie die Zuständigkeiten und Aufgaben der Ministerien eines Landes auf die Bedürfnisse eines gelingenden Familienlebens übertragen.

Angeleitet durch Impulsfragen sollen sie dabei für sie wesentliche Aspekte des harmonischen Zusammenlebens definieren und ihre Überlegungen wiederum kreativ mit Farben und Schlagworten, Bildern und Symbolen gestalterisch umsetzen. In einem anschließenden Schritt kann mittels des zweiten Arbeitsblatts „We are family" der Familienbegriff von anderen Lebensformen unserer pluralen Gesellschaft abgegrenzt bzw. können fremde Ein- und Abgrenzungen diskutiert werden. Ein gleichsam wertschätzendes wie sich positionierendes Nachdenken über die unterschiedlichen Formen des Allein- und Zusammenlebens dient einer Erziehung zu Toleranz und Aufgeschlossenheit gegenüber anderen Lebensentwürfen und kann die eigene Identitätsentwicklung unterstützen.

Sollen explizit katholische Positionen zum Thema behandelt werden, bietet es sich an, die mithilfe des gegebenen Materials gebildeten Urteile in Beziehung zur Haltung kirchlicher Autoritäten zu setzen, indem z.B. Auszüge aus dem päpstlichen Schreiben *Amoris laetitia* (Franziskus 2016), dem Wort der deutschen Bischöfe zu Ehe und Familie (1999) oder dem Jugendkatechismus YOUCAT in den Unterricht eingebunden werden.

Seite 39/40:

„Geben ist seliger als nehmen" (Apg 20,35) – Soziales Engagement

Vorbereitung: Vorlagen in Klassensatzstärke kopieren

Die vorliegende Unterrichtseinheit ist handlungsorientiert angelegt und soll die Schüler dazu einladen, die Studienergebnisse einer kanadischen Glücksforscherin anhand ihrer eigenen Erfahrung zu überprüfen.

Als Einstieg dient ein Text, der über die Versuchsanordnung und -resultate eines Experiments informiert, bei dem die Zufriedenheit der Teilnehmer(innen) erhoben und ausgewertet wurde, nachdem diese entweder sich oder anderen etwas Gutes getan hatten. Im Anschluss an das inhaltliche Verständnis des Textes sollen die Schüler dessen Aussage mit ihrer Erinnerung an ein eigenes Erleben abgleichen und Hypothesen aufstellen, weshalb Großzügigkeit und soziales Handeln positive Gefühle auslösen.

In einem sich anschließenden Selbstversuch, der entweder wechselseitig im kleinen Kreis stattfinden oder projektartig als Initiative sozialen Handelns organisiert werden kann, sollen die Studienergebnisse im persönlichen Erleben performativ vertieft werden (zum Dreischritt eines performativen Unterrichtsarrangements: siehe „Einsam oder zweisam").

Einsam oder zweisam – Braucht es für das Glück den anderen?

Das ist eine gute Frage, denn eigentlich müsste man es doch ganz allein schaffen – glücklich werden. Auf der anderen Seite verbindet ihr vermutlich sehr viele glückliche Momente mit anderen Menschen.
Wir versuchen zunächst einmal in zwei kleinen Übungen herauszufinden, ob es überhaupt einen Unterschied macht, allein oder zu zweit zu sein.

1. *Suche dir im Klassenraum eine freie Fläche, setze dich und lehne deinen Rücken an die Wand an. Lasse die Situation einige Zeit auf dich wirken und notiere, wie sich dies angefühlt hat.*

2. *Suche dir nun einen Partner/eine Partnerin. Ihr benötigt abermals eine freie Fläche auf dem Boden. Diesmal sollt ihr euch jedoch Rücken an Rücken setzen, sodass ihr euch am anderen anlehnen könnt. Lasst die Situation einige Zeit auf euch wirken und notiert, wie sich dies angefühlt hat.*

3. *Nimm nun Stellung zu der Frage, ob bzw. inwiefern es für das Glück andere Menschen braucht. Bezieht eure Erfahrung aus den Übungen in die Stellungnahme ein.*

Echte Freunde?! – Drei Arten der Freundschaft

Der griechische Philosoph Aristoteles (384–322 v. Chr.) hat sich mit allerlei Fragen beschäftigt. – Darunter fällt auch das Thema „Freundschaft". Diese hat für ihn einen so hohen Stellenwert, dass er sich ein Leben ohne Freunde nicht vorstellen kann. Nachfolgend zeigt er auf, was Freundschaft bedeutet und welche Arten der Freundschaft existieren.

Aristoteles: Über die Freundschaft

Freundschaft ist eine Tugend [eine sittlich wertvolle Eigenschaft] und für das Leben das Notwendigste. Ohne Freundschaft wollte man nicht leben, selbst wenn man alle anderen Güter besitzen würde. Ganz gleich ob man ein Herrscher oder ein normaler Bürger ist: Nur mit Freunden kann man das Glück behüten und bewahren. Denn es ist dem Menschen eine Freude, denjenigen wohlzutun, die man als Freunde bezeichnet. In Armut und Not wiederum gilt der Freund als die einzige Zuflucht.

Um das Wesen der Freundschaft zu verstehen, ist zu erkennen, dass nicht alles Gegenstand der Freundschaft wird, sondern nur das *Liebenswerte* – dieses ist entweder **gut** oder **lustbringend** oder **nützlich**. Und so bestehen auch drei Arten der Freundschaft, die man voneinander zu unterscheiden hat. Es gibt demnach Freunde, die sich des Nutzens wegen lieben. Man mag den anderen nicht an sich. Vielmehr erfahren beide Gutes durch den je anderen. Das Nützliche aber bleibt nicht dauernd dasselbe für den Menschen, sondern bald ist dieses nützlich, bald jenes. Fällt dann das weg, weswegen die beiden Freunde waren, endet auch ihre Freundschaft.

Andere Freundschaften beruhen auf dem Lustbringenden. Bei solchen Freunden sind Vergnügen und Aktivitäten die Gemeinsamkeit. Dieser Freundschaftstyp findet sich häufig bei jungen Leuten, denn die Jugend wird von Gemütsbewegungen beherrscht und lebt vorwiegend der Freude wegen. Sie sind ganz in der Gegenwart, ohne sich allzu viele Gedanken und Pläne zur Zukunft zu machen. Aber auch hier verhält es sich so wie bei der ersten Freundschaftsart. Verändert sich das Lustbringende, schlägt die Freundschaft um und löst sich auf.

Vollkommen aber ist die Freundschaft guter und an Tugend ähnlicher Menschen. Denn sie wünschen sich einander gleichmäßig Gutes und dies um des Freundes selbst willen. Eine solche Charakterfreundschaft ist beständig, weil sie auch die beiden anderen Typen enthält. Freunde dieser Art sind füreinander schlechthin gut, einander nützlich und somit auch lustbringend, denn ein jeder hat Freude an seiner und verwandter Handlungsweise. Naturgemäß sind diese Freundschaften selten. Das Wachsen eines solchen Herzensbundes bedarf der Zeit sowie Gewohnheit des Zusammenseins. Der Entschluss zu einer Freundschaft kommt wohl schnell zustande, nicht aber die Freundschaft selbst.

(nach Aristoteles: Nikomachische Ethik, VIII. Buch, Kapitel 1–4)

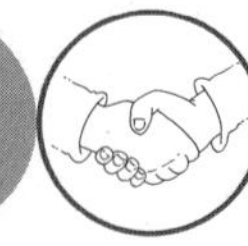

Wenn man etwas liest, so möchte man das Gelesene auch verstehen. Doch manche Texte erscheinen auf den ersten Blick unverständlich oder enthalten auf engstem Raum sehr viele Informationen, die man sich (auch in ihrer Beziehung zueinander) kaum merken kann. – Vielleicht ist es dir bei den Ausführungen von Aristoteles zum Thema „Freundschaft" genauso ergangen. In einem solchen Fall kann es hilfreich sein, den Text in ein Begriffsnetz zu verwandeln.

1. *Weiter unten findest du Schlüsselbegriffe aus dem Aristoteles-Text. Schneide die Kärtchen aus und ordne die Begriffe sinnvoll auf deinem Arbeitsplatz an. Dabei soll die Anordnung die Struktur des Textes widerspiegeln. Auf den Leerkärtchen kannst du eigene Schlüsselbegriffe ergänzen.*

2. *Kommt zu zweit oder dritt zusammen und stellt einander eure Ergebnisse vor. Klebt die Kärtchen nun in der Anordnung auf ein Plakat, die ihr für die sinnvollste haltet.*

3. *Macht jetzt die Zusammenhänge zwischen den Begriffen sichtbar, indem ihr ein Begriffsnetz bildet. Um die verschiedenen Beziehungen zu verdeutlichen, müsst ihr unterschiedliche Linienarten (– oder → oder ↔ etc.), einfache Symbole und/oder mehrere Farben verwenden.*

4. *Bringt das, was Aristoteles beschreibt, auf die Bühne. Überlegt euch für jeden Freundschaftstyp eine kleine Spielszene, die ihr in der Klasse vorführt. Wichtig: Verratet nicht, welchen Typ ihr jeweils vorspielt – dies müssen eure Mitschüler herausfinden!*

Freundschaft	Tugend	Notwendigste
Liebenswerte	gut	lustbringend
nützlich	drei Arten der Freundschaft	Nutzen
Lustbringende	Gute	Zeit und Gewohnheit
Glück	Not	beständig
unbeständig		

Einen besonderen Menschen treffen – Verliebt sein und lieben

Bei Befragungen geben viele Menschen an, für das große Glück brauche es eine(n) Partner(in), jemanden, den man bedingungslos liebt und von dem man ohne Einschränkungen „zurückgeliebt" wird. Diese Sehnsucht nach einer Person, mit der man Intimität, Leidenschaft und gemeinsame Interessen teilt, auf die Verlass ist und die das „Ich" ein Stück weit in einem „Wir" aufgehen lässt, ist ein Phänomen, das vielleicht so alt wie die Menschheit selbst, auf jeden Fall aber schon Jahrhunderte lang aktuell ist – wie die folgende allegorische Karte aus dem 18. Jahrhundert beweist.

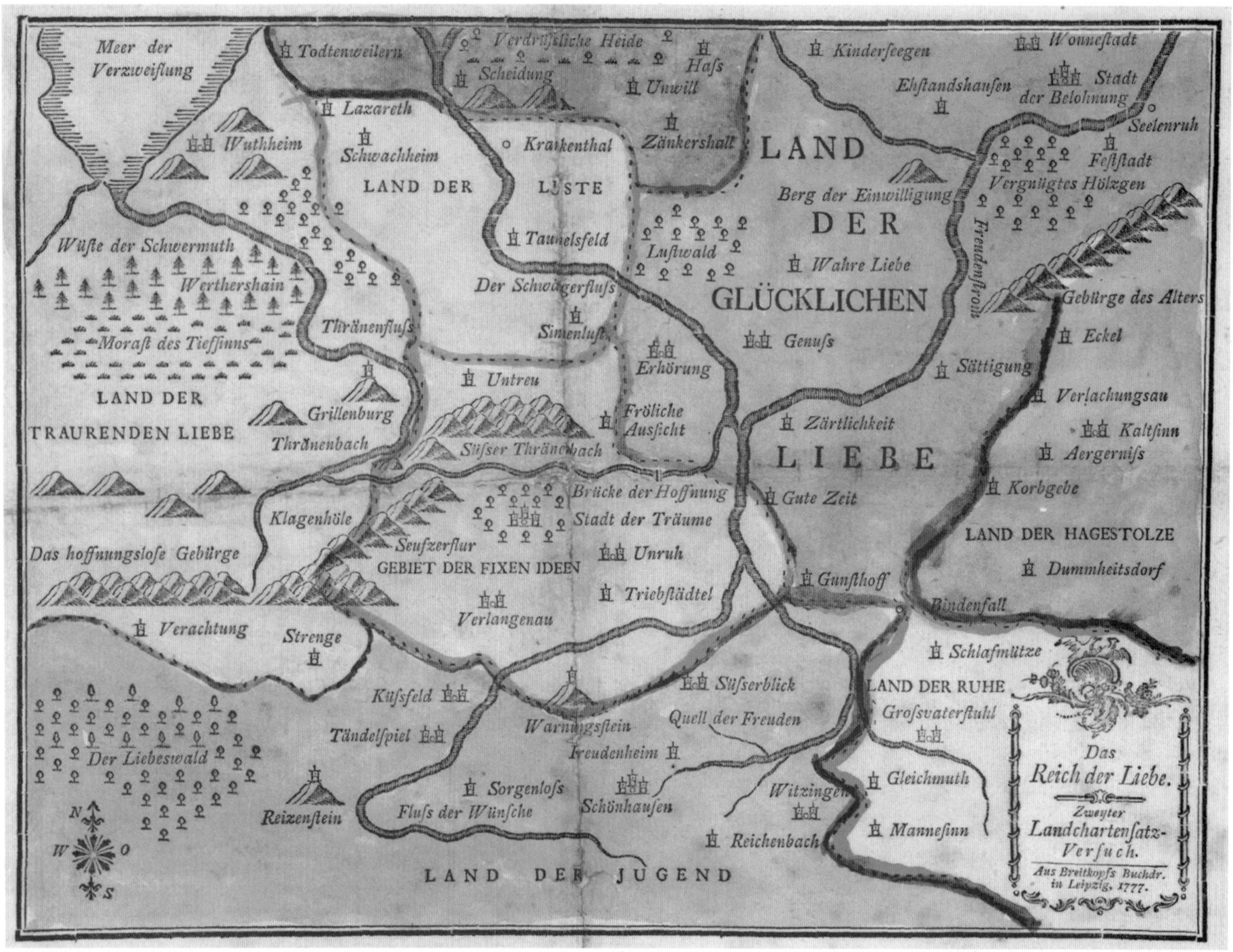

1. *Betrachte die allegorische Landkarte „Reich der glücklichen Liebe" von Johann Gottlob Immanuel Breitkopf genau. Welche Orte und Regionen sind dir aus deiner eigenen Erfahrung bekannt? Welche würdest du gern bereisen?*

2. *Die Landkarte entstammt dem Jahr 1777, ist also über 200 Jahre alt. Dadurch wirkt sie vielleicht an manchen Stellen etwas „altbacken" und entspricht nicht ganz den Sehnsüchten und Sorgen, die wir heute mit Verliebtsein, Liebe und Partnerschaft verbinden.*
   Aktualisiere die Karte, indem du nach ihrem Vorbild eine eigene Landkarte der Liebe gestaltest.

„Trautes Heim – Glück allein?!" – Partnerschaft und Familie

Stelle dir vor, du könntest auf dem Kontinent „Glüpaufa" für glückliche Paare und Familien leben. Dort bekommst du ein Stück Land zugewiesen, auf dem du deine Familie als Staat gründen dürftest. Wie würde dein Traumfamilienland aussehen? Notiere deine Gedanken im Flächenumriss und gestalte diesen mit dir passend erscheinenden Farben, kleinen Zeichnungen, Symbolen usw.

Wie viel Fläche bräuchte dein Staatsgebiet? *Wie groß wünschst du dir deine Familie?*

An welche Nachbarländer grenzt du an? *Welche Freunde, Verwandte und Bekannte möchtest du in deiner Nähe haben?*

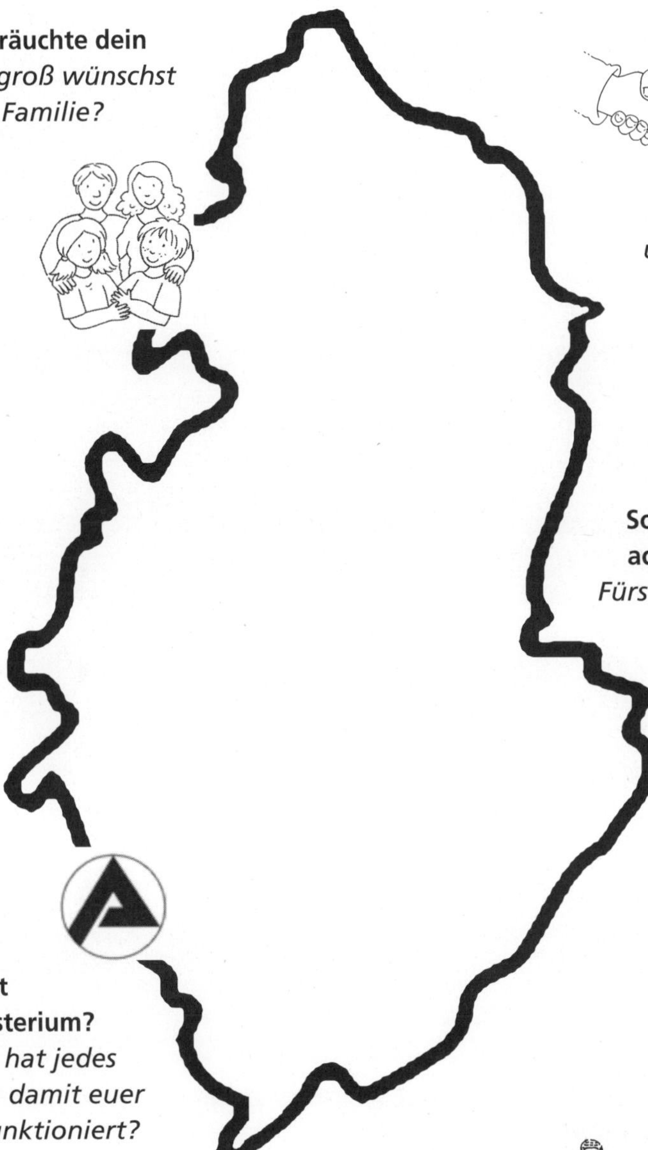

Wie soll das Finanzministerium geführt werden? *Wofür sollte (d)eine Familie Geld ausgeben?*

Worauf soll das Sozialministerium besonders achten? *Wie kann konkrete Fürsorge füreinander aussehen?*

Was regelt dein Arbeitsministerium? *Welche Aufgaben hat jedes Mitglied zu erfüllen, damit euer Familienstaat gut funktioniert?*

Welche Aufgaben muss das Verteidigungsministerium bewältigen? *Was stellt eine Gefahr für harmonisches Familienleben dar?*

§ **In welchen Bereichen brauchst du besonders dringend ein Justizministerium?** *Welche Regeln sollten alle einhalten, damit es gerecht zugeht?*

„We are family“ – Was ist Familie?

In unserer modernen Gesellschaft gibt es schon lange nicht mehr nur ein verbindliches, allgemeingültiges Modell gemeinschaftlichen Zusammenlebens, sondern eine Vielzahl und Vielfalt von Lebensformen.

1. Ordne die Begriffe unter den Buchstaben A) bis J) einer der Kategorien in unten stehendem Kreis zu.

A) Doppelverdiener mit Kind
B) Ehepaar
C) Eingetragene Lebenspartnerschaft
D) Wochenend-Familie
E) Patchwork-Familie
F) Alleinerziehende Elternteile
G) Wochenend-/Fernbeziehung
H) Homosexuelle Paare mit Kind
I) Single
J) Verwandtschaftslose Wohngemeinschaft

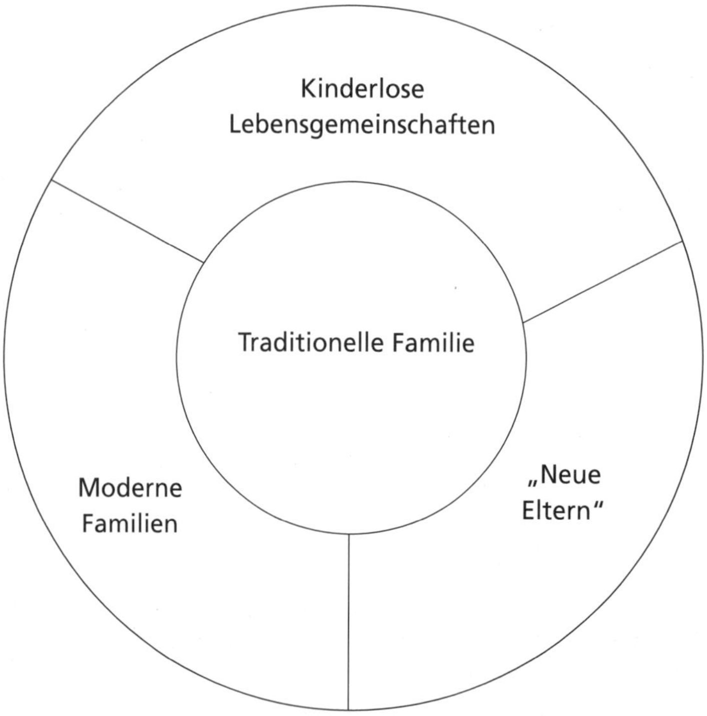

2. Welche der Lebensformen A) bis J) würdest du als „Familie“ bezeichnen, welche nicht? Was zeichnet deiner Ansicht nach eine Familie aus?

____

____

____

3. Gestalte den Kreis mit Symbolen für einige verschiedene Lebensformen in Form von Strichmännchen-Zeichnungen.

„Geben ist seliger als nehmen“ (Apg 20,35) – Soziales Engagement

Neurobiologen, Psychologen, Soziologen – in vielen Fachdisziplinen versuchen Wissenschaftler, dem Schlüssel zum Glück durch Studien und Versuche auf die Spur zu kommen. Ihre Hauptforschungsfragen lauten dabei oft: „Warum sind manche Menschen glücklicher als andere?“ und „In welchen Situationen schätzen sich Menschen selbst am glücklichsten ein?“ Auch die kanadische Psychologin Elizabeth Dunn, Professorin an der University of British Columbia, ist diesen Fragen in mehreren Experimenten nachgegangen – lies selbst, was sie herausgefunden hat.

Heute ist dein Glückstag! Du hast gerade 50 Euro auf der Straße gefunden! Was könntest du mit dem Geld anfangen? Das Spiel kaufen, das du schon lange haben willst, dir das hippe T-Shirt aus deinem Lieblingsladen leisten oder endlich mal wieder in einen Freizeitpark gehen? Wenn man Professor Dunn glaubt, liegt etwas ganz anderes nahe, wenn die Entscheidung glücklich machen soll.

Denn Dunn und ihr Team haben herausgefunden: Sein Geld für andere auszugeben, macht glücklicher, als es für eigene Zwecke zu verwenden. Um dies zu belegen, baten sie in einer repräsentativen Stichprobe mehr als 600 Amerikaner einzuschätzen, wie zufrieden sie sind, sowie anzugeben, wie viel Geld sie monatlich für ganz persönliche Dinge (Kredite, Freizeit, Ausgehen, Essen usw.) ausgeben und wie viel für „pro-soziale“ Zwecke (Geschenke für andere, Einladungen ins Restaurant, Spenden an karitative Einrichtungen usw.). Es zeigte sich, dass ausschließlich die sozialförderlichen Ausgaben mit dem Gefühl der Zufriedenheit in Verbindung standen. Je mehr Geld die befragten Personen für andere ausgaben, umso glücklicher schätzten sie sich ein, und das unabhängig von der Höhe ihres Grundeinkommens. Die persönlichen Ausgaben hingegen blieben ohne Einfluss auf das Glück. Offensichtlich macht es uns also glücklicher, wenn wir großzügig sind.

Aber aus den oben geschilderten Untersuchungen könnte man auch den umgekehrten Schluss ziehen: Je glücklicher wir sind, umso großzügiger erweisen wir uns. Um festzustellen, ob Großzügigkeit wirklich die Ursache für Glück ist und nicht umgekehrt, bat Dunn daher 50 Studenten anzugeben, wie zufrieden sie sich an einem frühen Morgen fühlten. Danach erhielten die Versuchspersonen jeweils einen Briefumschlag mit entweder fünf oder zwanzig Dollar darin. Dieses Geld sollten sie ausgeben und damit entweder sich selbst oder anderen eine Freude bereiten. Am Ende des Tages zeigte sich, dass sich diejenigen, die das Geld für andere verwendet hatten, glücklicher fühlten als die anderen, die sich selbst „etwas gegönnt“ hatten. Dabei spielte es keine Rolle, um wie viel Geld es ging: Ein Geschenk für fünf Dollar hatte die gleiche positive Wirkung wie eines für zwanzig Dollar.

1. *Kannst du Professor Dunns Forschungsergebnis bestätigen? (Wann) Hast du schon einmal die Erfahrung gemacht, dass du glücklich warst, weil du einem anderen eine Freude bereitet hast?*

2. *Stelle dir vor, du gehörst Professor Dunns Forschungsteam an, das die Ergebnisse der Glücksexperimente nach ihrer erfolgreichen Veröffentlichung nunmehr für eine Fachzeitschrift begründen möchte. Wie erklärst du dir die Zufriedenheit derjenigen Versuchsteilnehmer(innen), die statt sich selbst anderen ein Geschenk gemacht haben? Warum, meinst du, löst es so gute Gefühle aus, anderen eine Freude zu bereiten?*

3. *Probiere es selbst! Nimm dir bis zur nächsten Stunde für einen konkreten Tag vor, bewusst anderen Menschen etwas Gutes zu tun. Entscheide selbst, wie und mit wem genau du dies umsetzen möchtest. Magst du z. B. etwas Selbstgemachtes schön verpackt verschenken oder lieber mehrere kleine „gute Taten" sammeln, indem du z. B. jemandem mit einem Lächeln die Tür aufhältst, in der Bahn deinen Sitzplatz anbietest, …*

Notiere anschließend, was du erlebt und wie du dich dabei gefühlt hast.

Projektidee:
Engagiert euch als Klasse/Kurs für eine soziale Aktion. Organisiert z. B. einen Wohlfühlnachmittag für Obdachlose, ein Get-together-Sportfest für jugendliche Flüchtlinge oder einen „Senior Saturday", an dem ihr zu einer musikalischen Kaffeetafel im nahegelegenen Altenheim einladet.

Didaktisch-methodische Hinweise

Seite 43/44:
Fatal: die Glücks- und Schicksalsgöttin Fortuna

Vorbereitung: Vorlagen in Klassensatzstärke kopieren; Buntstifte

In diesem Unterkapitel geht es um die Unterscheidung zwischen äußerem und innerem Glück, dem die Schüler versinnbildlicht in der römischen Glücks- sowie Schicksalsgöttin *Fortuna* und der fiktiven Göttin *Eudaimonia* begegnen.

Als mögliche Stundeneröffnung bietet sich der Bezug zu Sport-/Fußballvereinen an, die bis heute *Fortuna* im Vereinsnamen führen.
Mit Arbeitsblatt 1 werden prägnant die Geschichte und vor allem die Darstellung der römischen Göttin erarbeitet. Zudem kann thematisiert werden, dass die Frage nach Glück und Schicksal im menschlichen Leben schon immer wichtig war und je nach historischem Kontext eine andere Reflexion erfuhr. Bei der Besprechung der Arbeitsergebnisse wird den Schülern auffallen, dass mit Fortuna Glück bzw. Unglück von außen an den Menschen herangetragen wird (Bild des Füllhorns), welches dieser evtl. über eine Verehrung der Göttin befördern bzw. abwenden kann. Im Unterrichtsgespräch könnte dies gleichzeitig die Gelenkstelle für das zweite Arbeitsblatt sein, bei dem die höchste Form des Glücks, die Eudaimonie, im Vordergrund steht.
Es ist als Pendant zum ersten Arbeitsblatt konzipiert, bei dem sich die Schüler den philosophischen Überlegungen zur Glückseligkeit annähern und in einem zweiten Schritt ihre erworbenen Einsichten gestalterisch umsetzen.

Seite 45:
Gegenständlich: mein Talisman

Vorbereitung: Schüler bitten, Talismane mitzubringen; Vorlage in Klassensatzstärke kopieren

Talismane erfreuen sich bis heute auch unter Jugendlichen großer Beliebtheit. In dieser Einheit wird die Besonderheit eines Talismans im Vergleich zu einem einfachen Glücksbringer herausgearbeitet.

Den Stundeneinstieg bildet eine bewusste Auseinandersetzung mit dem eigenen Talisman, indem dessen Geschichte niedergeschrieben wird. In einem zweiten Schritt können diese Geschichten samt Talisman (ohne Zwang) vorgestellt werden. Hier bietet sich wegen des persönlichen Charakters evtl. ein Stuhlkreis an.
Auf der Grundlage etymologischer Überlegungen und eines Gedichtauszuges nähern sich die Schüler einem tieferen Verständnis des Talismans als einem „geweihten Gegenstand" (Aufgabe 1). Nachfolgend wird noch einmal der eigene Talisman fokussiert und in einem Gedicht beschrieben (Aufgabe 2). Die Texte werden verdeckt (etwa über die Lehrkraft) untereinander ausgetauscht und vorgelesen. Spielerisch können dann die zuhörenden Schüler raten, um welchen Talisman es wohl geht.
Abschließend ließe sich im Unterrichtsgespräch evtl. vertiefen, ob bzw. inwiefern die von den Schülern mitgebrachten Gegenstände de facto Talismane sind und wie der Begriff heute in der Regel verstanden wird (ein persönlicher Gegenstand, der mit einem besonderen Ereignis/einem besonderen Menschen verbunden wird).

Seite 46/47:
Abergläubisch: von schwarzen Kleeblättern und vierbeinigen Katzen

Vorbereitung: Vorlagen in Klassensatzstärke kopieren; evtl. Folienkopie zur Arbeit mit dem OHP; DIN-A4-Blätter (blanko)

Glücksbringer sind nicht nur zu Silvester, sondern auch im Alltag ein sehr präsentes Phänomen. Die Schüler lernen die Entstehungsgeschichte einiger bekannter Glücksbringer kennen. Durch das Erfinden eigener Glücksbringer(geschichten) reflektieren sie die zugrundeliegende Willkürlichkeit und den Aberglauben, der mit diesen Gegenständen verbunden ist.

In einem ersten Schritt versuchen die Schüler, die Herkunft unterschiedlicher Glücksbringer selbstständig zu klären. Hier sind bereits durchaus gute Ansätze zu erwarten, da der Hintergrund einiger Beispiele bekannt oder leicht zu erschließen ist. Im Unterrichtsgespräch kann die Lehrkraft mithilfe der Lösungen die Ergebnisse besprechen. Denkbar ist auch eine Sicherung via OHP auf einer Folienkopie.
Mit sicher humoristischem Beigeschmack sind die Lernenden im nächsten Schritt dazu angehalten, moderne Glücksbringer samt deren Genese zu erfinden. Im Anschluss ist es auch möglich, aus allen Beiträgen ein „Glücksbringer-Florilegium der Klasse xy"

anzulegen (Ringbuch etc.). Thematisiert werden sollte aber in jedem Fall, inwiefern die Glücksbringer ihrer Funktion tatsächlich gerecht werden.

Seite 48/49:

Brauchbar: Geld macht nicht glücklich – aber weniger traurig

Vorbereitung: Vorlagen in Klassensatzstärke kopieren, Taschenrechner zur Ermittlung der Durchschnittswerte; Plakate oder Folien für die Präsentation

Bis heute wird der Zusammenhang zwischen Geld und Glück in der Forschung untersucht. Ein interessantes und wissenschaftlich validiertes Ergebnis ist dabei, dass das empfundene Glück über ein bestimmtes Mehr an Geld abhängig von der eigenen Einkommenssituation ist – jemand, der 3000 Euro verdient, freut sich über eine Gehaltserhöhung von 50 Euro weniger als eine Person, die 1000 Euro monatlich erwirtschaftet. Ferner schöpft der Mensch aus dem eigenen Geld mehr Glück bzw. Zufriedenheit, sofern in seiner sozialen Umgebung niemand ungleich mehr verdient oder an Besitzstand hat.

Ebendiese Erfahrungen möchte der Fragebogen freilegen und einer Interpretation zugänglich machen. Er sollte anonym ausgefüllt und von der Lehrkraft eingesammelt werden. Die Zusammenfassung der Einzelergebnisse, welche die Grundlage für die Weiterarbeit bilden, kann dann aber wieder durch Schülerhand erfolgen. Sind die Ergebnisse bekanntgegeben, kann zu zweit an Aufgabe 2 oder sogleich im Plenum weitergearbeitet werden.

Es wird sich vermutlich herausstellen, dass die Ausprägung des Glücksgefühls über die 140 Euro von der Höhe des eigenen Taschengeldes abhängig ist. Eine weitere Rolle spielt, wie hoch der Gewinn der anderen Versuchsteilnehmer war und in welcher Beziehung man zu diesen steht. Zudem ist Neid ein entscheidender Faktor für das eigene Glück.

Anschließend wird eine eher neuere Entdeckung der Glücksforschung eingebunden, die subsumiert so formuliert werden kann: „Geld macht nicht glücklich, aber weniger traurig." Die Schüler sollen nun in der Gruppe und übertragen auf ihre Lebenssituation einen Fragebogen entwerfen, der eine adaptierte Version der Entdeckung als These überprüft. Anschließend erfolgt die Auswertung. Alle Ergebnisse zum Thema „Geld und Glück" werden in einem letzten Schritt zu einer Präsentation zusammengefasst und vorgetragen.

Fatal: die Glücks- und Schicksalsgöttin Fortuna

BROCKHAUS | Bilder-Konversationslexikon (1837–1841)

Fortuna nannten die alten Römer die Göttin, die das Glück und Unglück der Menschen leitete. Sie gaben ihr verschiedene auf die Launen, den Wechsel und die Vergänglichkeit des Glücks deutende Attribute [Beifügungen, Eigenschaften]. Die Lenkerin des Schicksals bezeichnet ein Ruder, die Fülle der Güter, die sie zu spenden vermag, deutet ein Füllhorn an, das rollende Rad den Wechsel und die Flüchtigkeit des Glücks, die Weltkugel die Größe der Herrschaft. Zuweilen sind ihr die Augen verbunden, denn das Glück ist blind. Sie trägt einen eigentümlichen, Polos (Turmkrone) genannten Kopfputz. [...] Ihre Verehrung ging von Griechenland aus. Zu Rom hatte sie mehrere Tempel; hier hatte sie sich auch, nach der Sage, nachdem sie die ganze Welt durchflogen hatte, endlich auf dem palatinischen Hügel [einer der sieben Hügel Roms] niedergelassen und ihre Flügel abgelegt als Zeichen, dass sie für immer in Rom wohnen wolle. Bald heißt sie Wonnespenderin, bald Urheberin des Elends, jedenfalls ist sie launenhaft und zuweilen sogar schadenfroh. [...]

(Die Rechtschreibung wurde behutsam angepasst.)

Der Artikel entstammt einem alten Bilder-Konversationslexikon von 1837. Die zugehörige bildliche Darstellung der Glücks- und Schicksalsgöttin Fortuna findest du weiter unten.

1. Erkläre in den Kästen die Attribute Fortunas und finde jeweils ein passendes Beispiel.

2. Vergleicht eure Ergebnisse und denkt weiter: Fortuna schenkt Glück und Unglück, versinnbildlicht in einem Füllhorn, das oft Früchte oder Reichtümer beinhaltet.
a) Versucht zunächst herauszuarbeiten, warum sich das Bild des Füllhorns bei der Darstellung der Göttin durchgesetzt hat.
b) Beurteilt anschließend, was die Menschen von damals unter Glück verstanden haben und wie dieses wohl befördert werden konnte.

Attribut: ______
Bedeutung: ______
______
Beispiel: ______
______
______

Attribut: ______
Bedeutung: ______
______
Beispiel: ______
______
______

Attribut: ______
Bedeutung: ______
______
Beispiel: ______
______
______

Attribut: ______
Bedeutung: ______
______
Beispiel: ______
______
______

Eudaimonie (von griech. *eudaimonia* – Glück, Glückseligkeit) ist das höchste Ziel des Menschen. Es beschreibt einen ausgeglichenen Gemütszustand, in dem der Mensch mit sich selbst übereinstimmt und die in ihm angelegten Befähigungen verwirklicht. Diese Glückseligkeit wird – entgegen allen anderen Gütern – um ihrer selbst willen angestrebt; sie ist nicht Mittel zum Zweck, sondern stellt sich dar „als ein Vollendetes und sich selbst Genügendes", da sie das Endziel alles Handelns ist" (Aristoteles).

Ihr habt vielleicht schon festgestellt, dass es unterschiedliche Formen des Glücks gibt. – Der höchsten Form begegnet ihr hier.

1. *Beschreibe in deinen eigenen Worten, was man unter „Eudaimonie" versteht.*
2. *Anders als „Fortuna" existiert eine Göttin „Eudaimonia" nicht. Wie könnte eine solche Götterfigur aussehen? Gestalte eine Zeichnung zu dieser Figur und versieh sie mit passenden Attributen.*
3. *Stellt euch gegenseitig eure Darstellungen und die Überlegungen dazu vor.*

Darstellung der Göttin „Eudaimonia"

Gegenständlich: mein Talisman

Du hast deinen Talisman mitgebracht – einen Gegenstand, mit dem du etwas verbindest, vielleicht sogar erlebt hast. Erzähle seine Geschichte!

Das Wort Talisman hat arabische (ṭilasm – Zauberbild) und griechische (télesma – geweihter Gegenstand) Wurzeln. Bereits an der Wortherkunft lässt sich ablesen, dass Talismane oft mehr als einfache Glücksbringer sind. Dies klingt auch im unten abgedruckten Auszug aus dem Gedicht „Segenspfänder" an. Es findet sich im „Westöstlichen Divan", einer Gedichtsammlung Johann Wolfgang von Goethes (1749–1832), die durch den persischen Dichter Hafis (ca. 1326–1390) inspiriert wurde.

Johann Wolfgang von Goethe: Segenspfänder

Talisman in Karneol[1],
Gläubgen bringt er Glück und Wohl;
Steht er gar auf Onyx'[2] Grunde,
Küß ihn, mit geweihtem Munde!
Alles Übel treibt er fort,
Schützet dich und schützt den Ort:
Wenn das eingegrabne Wort
Allahs Namen rein verkündet,
Dich zu Lieb und Tat entzündet. (...)

[1] *Karneol* – ein Quarz, aus dem Schmucksteine hergestellt werden; braun/rot/orange-weiß
[2] *Onyx* – ein Quarz, aus dem Schmucksteine hergestellt werden; schwarz-weiß

1. *Versuche im Anschluss an die Wortherkunft und das Gedicht Goethes in 100 Worten zu erklären, worin der Unterschied zwischen einem Glücksbringer und einem Talisman besteht.*
2. *Gestalte ein eigenes kleines Gedicht, in dem es um deinen Talisman geht.*
   Achtung: Im Gedicht soll der eigentliche Gegenstand beschrieben, der Talisman selbst aber nicht benannt werden.
3. *Tauscht in der Klasse eure Gedichte untereinander aus und tragt sie vor. Wer errät den beschriebenen Talisman?*

Abergläubisch: von schwarzen Kleeblättern und vierbeinigen Katzen

Habt ihr die folgende Geschichte schon einmal gehört: Wer ein Stück rohes Fleisch abends in Cola einlegt, wird am nächsten Morgen feststellen, dass vom Fleisch nicht mehr viel oder gar nichts übrig ist. Erklärung: Die in der Cola (tatsächlich) enthaltene Säure habe eine stark zersetzende Wirkung. Diese und ähnliche Geschichten kann man als Alltagsmythen bezeichnen. Sie hören sich gar nicht so unwahrscheinlich an, stimmen aber nicht. Das Stück Fleisch ist also auch morgens noch da.
Viele Glücks- und Unglücksbringer sind auf ähnlichen Wegen entstanden: Menschen, Tiere und Gegenstände werden mit einer bestimmten Tätigkeit oder Eigenschaft verbunden, welche sie dann zu einem Glücks- oder eben Unglücksbringer macht.

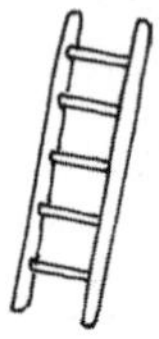

1. *Versuche herauszufinden, woher bei den unten abgedruckten Beispielen wohl der Aberglaube stammt, sie brächten Glück bzw. Unglück. Notiere jeweils eine kurze Erklärung.*
2. *Du hast gerade keinen Schornsteinfeger zur Hand und auch ein Glücksschwein ist nicht in Sicht? – Kein Problem: Ihr erfindet einfach eure eigenen Glücks- oder Unglücksbringer! Eurer Fantasie sind dabei keine Grenzen gesetzt. Zeichnet auf einem leeren DIN-A4-Blatt in die obere Hälfte den erfundenen Glücks-/Unglücksbringer und notiert darunter seine Geschichte.*

Zusatzaufgabe für Schnelle:
Kennst du weitere Glücks-/Unglücksbringer? Zeichne sie, beschreibe, in welchem Zusammenhang sie Glück oder Unglück bringen, und versuche, die Herkunft des Aberglaubens zu klären (wie unten).

	Wer ein vierblättriges Kleeblatt findet, hat (zukünftig) Glück.	
	Ein Spiegel sollte nicht zu Bruch gehen: Dies bringt sieben Jahre Unglück.	
	Kreuzt eine schwarze Katze von rechts den Weg, bringt sie Glück. Trifft man sie auf der linken Seite an, bringt dies Pech.	
	„Schwein gehabt!" – Dieses glückbringende Tier wurde sogar in einem Sprichwort verewigt.	
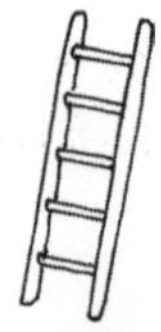	Unter einer Leiter sollte man besser nicht durchgehen – es droht Unglück.	
	Der Schornsteinfeger sorgt nicht nur für einen funktionierenden Kamin, sondern bringt auch das Glück ins Haus	

Lösungen zu den Glücks- bzw. Unglücksbringern

Nachfolgend finden sich alle Herkunftserklärungen. Da es sich um Brauchtum oder Aberglauben handelt, ist der Ursprung nicht immer eindeutig bestimmbar und hier nur die geläufige Herleitung abgedruckt. Daneben existieren auch (graduell) abweichende Versionen zur Erklärung der Glückssymbole.

Vierblättriges Kleeblatt

Gemeint ist hier nicht der in Mexiko heimische „Glücksklee", welcher immer vierblättrig ist, sondern der echte Klee, von dem es mehr als 200 Arten gibt. Bei diesem finden sich nur selten vierblättrige Exemplare, weshalb es sich eben um einen Glücksfall handelt, wenn man eines findet. Auch das satte Grün und der starke Wuchs des Klees tragen dazu bei, diesen als ein Glückszeichen aufzufassen.

Zerbrochener Spiegel

Im Spiegel finde sich, so der Volksglaube, die Seele des hineinschauenden Menschen. Zerbricht der Spiegel, zerbricht auch die Seele und es folgen sieben Jahre Pech bzw. werden sieben Jahre benötigt, um wieder zu heilen. Der Zahl Sieben kommt seit alters her Symbolcharakter zu, in diesem Kontext am ehesten als Summe aus drei und vier. Drei steht hier für die Seele (als Geschenk sowie Abbild des dreifaltigen Gottes) und das Geistige, die Vier für die Elemente und damit das Materielle (den Leib).

Schwarze Katze

Bereits für die Zeit vor über 10.000 Jahren sind Katzen in Menschennähe nachgewiesen. Zur Hauskatze im heutigen Sinne wurde sie vermutlich im alten Ägypten und fand hier große Verehrung bis hin zur Gottheit (→ Bastet, ägyptische Fruchtbarkeitsgöttin; zunächst als Löwin, dann als sitzende Katze dargestellt). Das anfangs auch in Europa beliebte Tier galt später besonders im Mittelalter für das Christentum als Wohnstätte oder Gehilfe des Teufels und der Hexen (etwa wegen der bei Nacht leuchtenden Augen; konkrete Verbindung nicht eindeutig geklärt). Die Farbe ist wohl auf die Kelten zurückzuführen, welche besonders schwarzen Katzen nachsagten, Unglück ins Haus zu bringen (wie etwa Schlangen). Aber auch die Assoziation der Farbe schwarz mit dem Tod/dem Dämonischen ist denkbar. Die Unterscheidung zwischen links (**link** [Gaunersprache] – falsch, anrüchig, fragwürdig von **linc/lenc** [mittelhochdeutsch] – ungeschickt, unwissend) und rechts (von **reht** [mittelhochdeutsch] – richtig) hängt mit der Etymologie der Richtungsangaben zusammen.

Schwein

Das Schwein gilt wegen seiner Fruchtbarkeit als Glücksbringer und wurde schon von den Germanen als heiliges Tier (der Götter) verehrt. Der Ausdruck „Schwein haben" im Sinne von „(unerwartetes) Glück haben" ist möglicherweise auf den mittelalterlichen Brauch zurückzuführen, dem Verlierer eines Wettbewerbes (etwa auf einem Jahrmarkt/Schießfest) als Trostpreis ein Ferkel zu schenken. Weil Schweine Allesfresser sind, nach ca. einem halben Jahr Schlachtreife erreichen und zweimal im Jahr ferkeln können, wird aus dem Trostpreis im Grunde ein echter Gewinn.

Leiter

Eine stehende Leiter erinnert an ein Dreieck, was wiederum mit dem Göttlichen in Verbindung gebracht wird (Dreifaltigkeit oder allsehendes Auge Gottes bzw. Auge der Vorsehung). Dies zu durchschreiten, gilt als Verletzung des göttlichen Bereiches und führt zu Unglück.

Schornsteinfeger

Ungereinigte Kamine waren früher schnell der Auslöser für Hausbrände und andere schwere Unfälle. Verstopfte Kamine verhinderten auch das Heizen oder Kochen. War der Schornsteinfeger da und die Funktionalität des Abzuges sichergestellt, hatte man (wieder) Glück.

Brauchbar: Geld macht nicht glücklich – aber weniger traurig

Glück hat auch etwas mit Geld zu tun. In einer Gesellschaft, in der Geld das allgemeine Zahlungsmittel ist, kommt man ohne nicht aus. Immerhin muss man die Dinge des täglichen Bedarfs, aber auch Luxusgüter erwerben können. Doch welcher Zusammenhang besteht eigentlich genau zwischen Geld und Glück?

1. Fülle den unten abgedruckten Fragebogen aus. Anschließend werden alle Bögen eingesammelt und die Einzelergebnisse in einem Gesamtergebnis zusammengefasst. So entsteht für jede Frage ein repräsentatives Klassenergebnis.

Befragung

Du nimmst an einem Experiment teil, das messen möchte, wie sehr man sich über ein Geldgeschenk freut. Dafür steht ein einfaches Gerät vor dir. Du drückst einen Knopf und es öffnet sich ein Fach, in dem ein Betrag zwischen 1 € und 300 € liegt. Der Betrag wird zufällig durch ein Programm ausgewählt und darf behalten werden.

A) Das Fach öffnet sich und 140 € liegen in der Auslage. Wie glücklich bist du über den Betrag auf einer Skala von 1 bis 10, wobei [1] „sehr unglücklich" und [10] „sehr glücklich" entspricht. Kreuze an.

[1] [2] [3] [4] [5] [6] [7] [8] [9] [10]

B) Am nächsten Tag erfährst du, dass ein Mädchen aus der Nachbarschaft am selben Experiment teilgenommen hat. Bei ihr öffnete sich das Fach und es lagen 280 € in der Auslage. Wie glücklich bist du nun über deine 140 € auf einer Skala von 1 bis 10, wobei [1] „sehr unglücklich" und [10] „sehr glücklich" entspricht. Kreuze an.

[1] [2] [3] [4] [5] [6] [7] [8] [9] [10]

C) Am nächsten Tag erfährst du, dass ein Junge deiner Schule, der ein sehr hohes Taschengeld bekommt, am selben Experiment teilgenommen hat. Bei ihm öffnete sich das Fach und es lagen 180 € in der Auslage. Wie glücklich bist du nun über deine 140 € auf einer Skala von 1 bis 10, wobei [1] „sehr unglücklich" und [10] „sehr glücklich" entspricht. Kreuze an.

[1] [2] [3] [4] [5] [6] [7] [8] [9] [10]

D) Am nächsten Tag erfährst du, dass ein guter Freund/eine gute Freundin von dir am selben Experiment teilgenommen hat. Bei ihm/ihr öffnete sich das Fach und es lagen 160 € in der Auslage. Wie glücklich bist du nun über deine 140 € auf einer Skala von 1 bis 10, wobei [1] „sehr unglücklich" und [10] „sehr glücklich" entspricht. Kreuze an.

[1] [2] [3] [4] [5] [6] [7] [8] [9] [10]

2. Du hast an der Befragung teilgenommen und auch das Klassenergebnis ist dir bekannt. Versucht zu zweit die Befragungsergebnisse sinnvoll zu erklären. Notiert eure Überlegungen.

Eure Beobachtungen und Überlegungen decken sich vermutlich mit dem, was auch die Glücksforschung herausgefunden hat. Kanadische Psychologen haben bei einer Studie eine weitere Entdeckung gemacht, die sie Anfang 2015 in einem Artikel veröffentlichten:

In der Studie wurde das jährliche Haushaltseinkommen* der Teilnehmer abgefragt und zusätzlich erhoben, wie glücklich oder traurig die Menschen waren. Das vielleicht verblüffende Ergebnis: Mehr Geld macht nicht glücklicher, aber weniger traurig. Ein höheres Haushaltseinkommen senkt das Traurigsein der befragten Menschen deutlich. Daraus aber zu schließen, dass man automatisch glücklicher sein müsse, ist ein Trugschluss. Das Wegfallen des einen Gefühls, erzeugt nicht zwangsläufig den entgegengesetzten Gemütszustand: das Glücklichsein.

Warum Geld die Traurigkeit der Menschen minimiert, darüber können die Forscher nur Vermutungen anstellen. Wer über mehr Geld verfügt, hat womöglich eher das Gefühl, auch schwierige Situationen gut lösen zu können (defektes Auto, Schaden am oder im Haus). Ist die finanzielle Lage schlecht, kann ein unerwartetes Ereignis über lange Zeit Probleme nach sich ziehen, welche die Betroffenen emotional stark (negativ) beein-flussen.

* Haushaltseinkommen: Gemeint ist das Geld, das einem Haushalt pro Jahr insgesamt zur Verfügung steht (zusammengerechnete Gehälter etc. der im Haushalt lebenden Personen).

Die Wissenschaftler haben erwachsene Menschen befragt, die über ein Einkommen und einen eigenen Haushalt verfügen. Möchte man herausfinden, ob dasselbe Studienergebnis auch für Jugendliche gilt, ist etwas anders vorzugehen.

3. Überlegt euch deshalb (ähnlich wie oben) in der Kleingruppe einen Fragebogen, der die folgende Annahme (These) überprüfen möchte: „MEHR TASCHENGELD MACHT NICHT GLÜCKLICHER, ABER WENIGER TRAURIG." Legt den ausgearbeiteten Fragebogen eurem Lehrer/eurer Lehrerin zur Durchsicht vor, denn er soll für eine Befragung in der Schule genutzt werden. Klärt in dem Gespräch auch, wie die Befragung organisatorisch durchgeführt werden kann (Wann? Wo? Wie viele Schüler(innen) sollten teilnehmen? etc.).

4. Wertet die Befragung in der Kleingruppe aus, indem ihr wie bei 2. zunächst die Einzelergebnisse zu repräsentativen Ergebnissen zusammenfasst und anschließend gemeinsam interpretiert.

5. Forschungsergebnisse wollen mitgeteilt werden. Gestaltet nun gemeinsam eine Präsentation, in der ihr ansprechend und nachvollziehbar ***alle Ergebnisse*** *zum Thema „Glück und Geld" zusammenfasst.*

Didaktisch-methodische Hinweise

Kapitel 5 nimmt, wie der Titel bereits vermuten lässt, naturwissenschaftliche Gesichtspunkte der Glücksthematik in den Blick und richtet sich – aufgrund der inhaltlichen Komplexität und des (zum Teil fach-) sprachlichen Niveaus – eher an ältere Schüler (ab Jgst. 9). Dabei tragen die Gestaltung und Zusammenstellung der Arbeitsmaterialien der Tatsache Rechnung, dass sich ein Phänomen wie Glücksempfinden nicht allein durch philosophische und geisteswissenschaftliche Reflexionen erklären lässt, sondern wesentlich von neurobiologischen Beschaffenheiten und hirnphysiologischen Vorgängen abhängt. Der Redlichkeit einer umfassenden Auseinandersetzung mit der Thematik ist es daher geschuldet, auch zunächst fachfremd erscheinende Aspekte in den Blick zu nehmen, wenngleich diese von den Schülern im Zweifel weniger in allen Einzelheiten auswendig gelernt als vielmehr kognitiv durchdrungen und in ihrer Eignung hinterfragt werden sollten, dem Phänomen „Glück" auf die Spur zu kommen.

Seite 53–56:

Glück ist Kopfsache – Von Endorphinen und anderen Glücksboten(stoffen)

Vorbereitung: Vorlage(n) in Klassensatzstärke kopieren, Scheren und Kleber für die Domino-Legearbeit bereithalten

Das Basis-Arbeitsmaterial stellt in knapper Interview-Form die wichtigsten Informationen zu den hormonellen, genetischen und biochemischen Grundlagen des Glücksempfindens dar.

Um mindestens ein oberflächliches Verständnis des fremdwortreichen und inhaltlich anspruchsvollen Textes zu sichern, wird das Markieren zentraler Textpassagen und Schlagworte durch eine spielerisch anmutende Domino-Legeaufgabe mit Selbstkontrollmöglichkeit ergänzt. Denn um beispielsweise die Fachbezeichnungen der Neurotransmitter mit deren Wirkung verknüpfen zu können, ist ein genaues, ggf. wiederholtes Lesen erforderlich, zu dem die Schüler mittels des Rätselcharakters der Aufgabenstellung und der Aussicht, ein Lösungswort (BOTENSTOFF) herauszufinden, motiviert werden.

Der Text Manfred Spitzers „Glück im Kopf" vertieft und erweitert das Interview-Wissen und bietet eine umfangreichere Darstellung neurobiologischer Vorgänge sowie einen Einblick in das experimentelle Forschungsvorgehen, mittels dessen Wissenschaftler zu ihren Erkenntnissen über die Funktionsweise des Gehirns gelangen. Da es sich hier um einen durchaus anspruchsvollen Sachtext handelt, empfiehlt es sich, diesen – nach der Klärung unbekannter Begrifflichkeiten – mithilfe eines strukturierenden textanalytischen Verfahrens zu durchdringen. Das Erstellen eines Flussdiagramms erscheint hier etwa als ein denkbares Instrument.

Auf der Grundlage der durch die gelesenen Texte erworbenen Kenntnisse können die Schüler in einem Transfer-Schritt zu ersten Urteilen gelangen, inwiefern ihnen naturwissenschaftliche Fakten bei der Erklärung des Glücksbegriffs dienlich sein können. Der Diskussion über die Frage, ob Glück nicht mehr ist als Hirnchemie sollte im unterrichtlichen Diskurs auf jeden Fall genügend Zeit eingeräumt werden.
Soll zusätzlich ein Fokus auf die von Spitzer ins Zentrum gerückten Zusammenhänge von Gewöhnung und Unzufriedenheit gelegt werden, kann mittels der Zusatzaufgabe ein literarischer Exkurs zum „Märchen vom Fischer und seiner Frau" erfolgen.

Seite 57–59:

Köstlich – Warum Schokolade gute Laune macht

Vorbereitung: Kopieren des Aufgabenblattes sowie der Fragestellung für Umschlag 1 in der Anzahl der Gruppen, Kopieren und Ausschneiden der Antwortkärtchen für Umschlag 2 in der Anzahl der Gruppen, ggf. Kopieren oder Projizieren des Hilfekärtchens „AIDA-Prinzip"

Die hier vorgeschlagene Unterrichtseinheit nimmt die populärwissenschaftliche Annahme und Werbebotschaft in den Blick, Schokolade mache glücklich.

Da viele Jugendliche gern Süßigkeiten essen, entstammt die Frage nach dem Mythos Kakao durchaus ihrer Lebenswelt und ist geeignet, ihr Interesse zu wecken. Die Methode „*Mystery*" unterstützt eine aufgeschlossene und motivierte Herangehensweise der Schüler durch den detektivischen Rätselcharakter, der dieser intensiven Denk-, Diskurs- und Argumentationsaufgabe innewohnt. Gleichzeitig ist sie geeignet, eine detaillierte und differenzierte Auseinandersetzung mit dem angebotenen Material zu befördern

und regt dazu an, Informationen nach deren Relevanz und Argumentationsstärke zu beurteilen.
In der Gestaltung eines Werbetextes können die erworbenen Kenntnisse vertiefend auf kreative Weise umgesetzt werden.

Seite 60/61:

Künstlich – High sein und frei sein

<u>Vorbereitung:</u> Vorlagen in Klassensatzstärke kopieren, Bereitstellen eines Abspiel- und Projektionsgeräts, Überprüfung des Zugriffs auf den Kurzfilm über das Internet; ggf. Zusammenstellung von Screenshots (vgl. Abwandlungstipp zu den Aufgaben 2 und 3)

Hintergrund der hier vorgeschlagenen Unterrichtseinheit ist neben der sachlichen Auseinandersetzung mit Rauschmitteln als künstlichen Glücklichmachern auch das Bereitstellen von Materialien zur Drogenprävention.

Der prämierte Kurzfilm „NUGGETS" von Andreas Hykade (kostenfrei im Internet zu streamen unter: http://www.hykade.de/ ➝ Rubrik: „Films" ➝ „NUGGETS 2015" oder
https://www.youtube.com/watch?v=HUngLgGRJpo) ist dafür insofern besonders geeignet, als hier jede moralische Vorverurteilung oder oberflächliche Verteufelung unterbleibt, die die Schüler eher zu einem sozial erwünschten Antwortverhalten als zur aufmerksamen Auseinandersetzung mit der Problematik veranlasst. Zudem erleichtert der minimalistische Animationscharakter des Films die Konzentration auf dessen inhaltliche Kernaussage, da filmanalytische Aspekte wie musikalische Untermalung, Figurenkonstellation, Bildkomposition usw. weitgehend unbeachtet bzw. schnell erfasst werden können. Dass es sich bei der Hauptfigur um einen stark stilisierten Kiwi handelt, der – je nach individuellem Zugang zum Film – entweder sehr intensiv oder so gut wie gar nicht zur Identifikation einlädt, befördert weiterhin eine offene und sachliche Diskussion über die dargestellte Persönlichkeits- und Zustandsveränderung durch Drogenkonsum, bei der kein Schüler fürchten muss, ungewollt zu viel von sich preisgeben zu müssen. Da der Film dem Zuschauer wesentliche Informationen – etwa über die Vorgeschichte des Vogels, seine Gedanken und Gefühle in den verschiedenen Phasen seines Nugget-Konsums oder den Fortgang der Handlung – vorenthält, bleiben für die Schüler zahlreiche Leerstellen offen, die durch entsprechende Leitfragen im unterrichtlichen Geschehen individuell gefüllt und miteinander diskutiert werden können. Auf diese Weise setzen sich die Jugendlichen ohne aufdringlich belehrende Kontrollinstanz gleichermaßen empathisch wie selbstreflexiv mit dem schwierigen Thema *Sucht* auseinander.

<u>*Abwandlungstipp:*</u> Anschaulicher und motivierender als das Sortieren von Begriffen (Aufgabe 2) kann die Auseinandersetzung mit Bildmaterial (z.B. Screenshots aus dem Kurzfilm) sein, das von den Schülern in die richtige Reihenfolge der Filmhandlung gebracht werden muss. In diesem Zusammenhang könnten auch Fragen aufgebracht und diskutiert werden, wie etwa

- ab welchem Zeitpunkt von einer Abhängigkeit/Sucht des Kiwis auszugehen ist,
- weshalb der Künstler ausgerechnet einen Kiwi, also einen **flugunfähigen** Vogel, als Hauptfigur gewählt hat,
- welche Gedanken, Gefühle, Ängste etc. sich jeweils in den verschiedenen Entwicklungsstadien der Abhängigkeit in dem Kiwi abspielen (Versprachlichen von visuellen Eindrücken).

Seite 62/63:

Tun statt Ruh'n – Im Flow sein

<u>Vorbereitung:</u> Vorlagen in Klassensatzstärke kopieren, Bereitstellen von Recherchemöglichkeiten zum Begriff „Achtsamkeit" (entweder aus einer zurückliegenden Unterrichtseinheit oder mittels geeigneter Erschließungsmedien)

Die vorliegende Unterrichtseinheit nähert sich dem Phänomen des Flow-Erlebens mittels eines Dreischritts: Auf das – durch die teilweise Abfassung in Geheimschrift verlangsamte und dadurch besonders aufmerksame – Lesen von fünf fiktiven Berichten über Flow-Momente folgt zunächst eine Selbstreflexionsphase, in der die Schüler von eigenen Erinnerungen an Tätigkeiten erzählen, bei denen sie auf ähnliche Weise die Zeit vergessen und voll in ihrem Tun aufgehen konnten. Erst danach werden die in den Erfahrungsberichten aufscheinenden Facetten des Flow-Begriffs auf eine abstraktere Ebene überführt, in der nicht bloß der Versuch einer Definition, sondern auch die Abgrenzung von dem häufig nicht trennscharf verwendeten Begriff „Achtsamkeit" erfolgen soll. Dies kann – je nach Reihenkonzeption – entweder im

Rückgriff auf die entsprechende zurückliegende Unterrichtseinheit oder durch einen gezielten Rechercheauftrag an die Schüler erfolgen. Im Ergebnis sollte dabei zum einen das durch die konzentriert ausgeübte Tätigkeit empfundene Glücksgefühl als zentrale Gemeinsamkeit beider Phänomene herausgearbeitet werden; zum anderen sollte als wichtiger Unterschied benannt werden, dass es im achtsamen Umgang mit der Welt vordringlich um eine Fokussierung auf den bewusst erlebten Moment geht, während die Flow-Erfahrung eher durch einen Schaffensrausch und ein Sich-Mitreißenlassen von der Situation gekennzeichnet ist.

Seite 64–67:

Chemie aus dem Gleichgewicht – Eine Depression ist mehr als schlechte Laune

<u>Vorbereitung:</u> Vorlagen in Klassensatzstärke kopieren, ggf. Projektion der Illustration

Die zentrale Zielsetzung des hier angebotenen Materials besteht in der Sensibilisierung der Schüler für ein Krankheitsbild, dem oftmals mit falschen Vorstellungen und wenig differenzierten Pauschalvermutungen begegnet wird.

Der Bezeichnung Krankheits-*Bild* darf daher zunächst wörtlich entsprochen werden, indem die Schüler in einer ersten Einstiegs- und Erarbeitungsphase die Illustration von Carla Miller in deren Einzelheiten beschreiben und diese – auch unter Heranziehung ihrer spontanen Zuschreibungen zur Krankheitsdiagnose „Depression" – deuten.

Der gegebene Auszug aus einem medizinischen Symptom-Katalog dient aufbauend auf der assoziativen Erstannäherung dazu, die eigenen Vermutungen zu der Krankheit einer kriterienorientierten Prüfung zu unterziehen, gleichsam Übertreibungen wie Verharmlosungen zu identifizieren und die eigenen Vorstellungen um fundierte Informationen zu Anzeichen und Ausprägungen der Krankheit zu erweitern.

Um nicht der Versuchung zu erliegen, angesichts der oftmals fließenden Grenzen zwischen „normaler" vorübergehender Traurigkeit und krankhafter Depression in hypochondrische Besorgnis zu verfallen, die eigene pessimistische Weltsicht oder gedrückte Stimmung sei notwendigerweise ein Alarmsignal, bietet die Sprechblasenzusammenstellung eine Auswahl an Aussagen an, die mit differenzierter Umsichtigkeit beurteilt werden sollen.

Der Essay des Philosophieprofessors Wilhelm Schmid fordert zudem mit seiner steilen These, das Unglücklichsein sei sowohl für den Einzelnen als auch für eine Gesellschaft eine unverzichtbarer Bereicherung, dazu heraus, sich kritisch mit dem eigenen wie gesellschaftlichen Anspruch auf Makellosigkeit und Glücksempfinden auseinanderzusetzen.

Glück ist Kopfsache – Von Endorphinen und anderen Glücksboten(stoffen)

Neurobiologie im Ethik- und Chemie im Religionsunterricht?! Dafür gibt es doch eigene Fächer mit eigenen Büchern und eigenen Arbeitsblättern, oder? Und auch eigene Räume und eigene Lehrer – was soll das also?! Nun, nicht immer – eigentlich sogar in den allerseltensten Fällen – lässt sich die Wirklichkeit in das Raster eines Stundenplans aufteilen und viele Phänomene unserer Lebenswelt sind nur zu erfassen und zu verstehen, wenn man über den Tellerrand hinausblickt und mehrere Fachdisziplinen mit ihrem Wissen zusammenkommen. Wagen wir also einen Ausflug in die Naturwissenschaften ...

3 Fragen an ...

Dr. med. Freudenreich

Was passiert im Gehirn, wenn wir Glück empfinden?
Bildlich gesprochen wird im Kopf ein Feuerwerk von Neurotransmittern abgebrannt.

Könnten Sie das genauer erklären?
Welche Neurotransmitter sind daran beteiligt?
Unglaublich viele! Aber drei Hauptbotenstoffe nehmen eine besondere Rolle ein: Serotonin, Endorphin und Dopamin. Ersteres wirkt an unseren Grundbedürfnissen mit, also Appetit, Schlafrhythmus, Sexualtrieb und Gemütslage. Es ist stimmungsaufhellend und schmerzmindernd. An der Schmerz- und Hungerregulierung sind auch die Endorphine beteiligt, die zusätzlich für die Euphorie nach körperlicher Anstrengung und positiven Erlebnissen verantwortlich sind. Dopamin stützt diese Hochgefühle und festigt das Wohlbefinden, unter anderem auch dadurch, dass es für eine gute Durchblutung der Organe sorgt, ebenfalls Schmerz dämpft und an Schlaf und Sättigungsgefühl beteiligt ist – und, nebenbei bemerkt, an der Entstehung von Süchten. Und dann gibt es noch das Noradrenalin und das Acethylcholin, die erregend und aktivierend wirken, wach und aufmerksam machen – ebenfalls Grundvoraussetzungen für Glück.

Gibt es so etwas wie ein Glücksgen?
Jein, so etwas wird etwa seit Mitte der 1990er Jahre diskutiert, nachdem mehrere Studien an eineiigen Zwillingen gezeigt haben, dass es einen messbaren Zusammenhang von genetischer Ausstattung und dem Grad an Zufriedenheit gibt. Demnach sind ungefähr 50% unseres allgemeinen Glücksempfindens in unserer DNA festgeschrieben. Man darf aber das Glück und die Veranlagung dafür nicht miteinander verwechseln. Wenn jemand die genetischen Anlagen besitzt, so bedeutet das, es besteht eine größere Wahrscheinlichkeit, dass sich bei ihm ein bestimmtes Merkmal ausbildet, aber deshalb sind Menschen, die „Glücks-Gene“ in sich tragen, nicht zwangsläufig glücklich und umgekehrt. Man muss sich das so vorstellen, dass Gene wie Schalter funktionieren, die erst angeknipst werden müssen; das gilt z.B. auch für das „Depressions-Gen“ 5-HTTLPR, das die Medizin gerade immens beschäftigt. Es spielt eine entscheidende Rolle beim Transport des Serotonins und reguliert dessen Konzentration im Gehirn. Es hat sich gezeigt, dass eine kleine, *Promotor* genannte Sequenz dieses Gens in der Bevölkerung in zwei Formen (oder *Allele*) auftritt, einer langen und einer kurzen. Die lange Version ermöglicht eine höhere Produktion des 5-HTT-Proteins und sorgt am Ende, vereinfacht gesagt, für eine größere Menge körpereigener Antidepressiva. Menschen, die dieses lange Allel in ihrem Gen-Code tragen, reagieren daher eher positiv und zuversichtlich auf Ereignisse in ihrer Umgebung als Träger des kurzen Allels, deren Amygdala, das Zentrum für Emotionssteuerung in unserem Gehirn, in Stresssituationen rascher und stärker aktiviert wird, sprich: Angst und Trauer verursacht. Ganz so einfach ist es aber nicht; viele weitere Gene – etwa das DRD4-Gen, das an der Dopaminübertragung mitwirkt, oder das COMT-Gen, das an der Emotionsregulierung im präfrontalen Cortex beteiligt ist – spielen eine wichtige Rolle für unsere Stimmungslage. Zudem beeinflussen zahlreiche Gene, die mit der Persönlichkeit des Einzelnen verbunden sind, unser Glücksempfinden. *Ein* oder *das* Glücksgen gibt es also nicht.

1. *Lies das Interview mit Dr. med. Freudenreich noch einmal aufmerksam und hebe die wichtigsten Stellen seiner Antworten durch Markierungen farbig hervor.*

2. *Schneide die untenstehenden Kärtchen aus und lege sie wie beim Domino-Spiel aneinander. Die jeweils rechte **fett**gedruckte Kärtchen-Hälfte muss dabei immer zur jeweils linken „normal" gedruckten des nächsten Kärtchens passen.*

3. *Überprüfe deine Domino-Reihung in Selbstkontrolle mithilfe des Lösungswortes, das sich aus den Großbuchstaben in der Mitte der Kärtchen ergibt.*

Stimmungs-aufhellung	O	**Dopamin**
	B	**Serotonin**
Euphorie	E	**Acethylcholin**
Durchblutung der Organe	T	**Endorphine**
Zwillings-geschwister	S	**„Depressions-Gen"**
Erregung und Aufmerksamkeit	N	**Studien-teilnehmer**
Zuversicht und Optimismus	O	**Amygdala**
5-HTTLPR	T	**langes Allel**
Emotions-zentrum	F	**Gene**
Schalter	F	

Glück, Gehirn, Gewöhnung – Ein Ausflug in die Neurobiologie

Exkurs

1. Lies den Sachtext aufmerksam und kläre mithilfe eines Wörterbuchs oder Onlinelexikons Begriffe, die du nicht verstehst.

Es ist höchste Zeit, dass wir nicht nur die Psychologie des Glücks betrachten, sondern auch dessen Neurobiologie. [...] Bereits Anfang der 50er Jahre hatte man zufällig entdeckt, dass Ratten die elektrische Stimulation eines ganz bestimmten Gehirnareals ganz offensichtlich mögen. Dies stellte man mit einer sehr cleveren Versuchsanordnung fest: Ein Schalter im Käfig der Ratten war mit einem Impulsgenerator verbunden, der wiederum die elektrischen Reize generierte, die durch die Drähte in den Kopf der Tiere gelangten. Die Tiere konnten also per Knopfdruck ihre eigenen Neuronen selbst stimulieren. Sie drückten den Knopf immer wieder. Selbst wenn eine andere Quelle der Lust wie z. B. ein paarungsbereites Weibchen anwesend war, konnte dieses die Männchen nicht vom Drücken des Knopfes ablenken. Auch vergaßen die Tiere vor lauter Knopfdrücken ganz das Essen und Trinken. Manche starben, weil sie schlichtweg nichts weiter taten, als sich permanent ganz offensichtlich höchsten Lustgewinn durch Stimulation der hierfür zuständigen Gehirnzentren zu verschaffen. Weitere Stimulationsexperimente wurden durchgeführt, und man glaubte bald, das Lust-Zentrum schlechthin gefunden zu haben. Hinzu kamen Studien mit Suchtstoffen, die sich die Versuchstiere ebenfalls über eine kleine Kanüle selbst verabreichen konnten. Diese legten den Schluss nahe, dass das Lust-Zentrum identisch war mit dem Sucht-Zentrum. Unklar war jedoch, weswegen es ein solches Zentrum geben sollte: Wir haben sicherlich im Verlauf der Evolution kein Gehirnzentrum entwickelt, dessen Aufgabe es ist, uns süchtig werden zu lassen! Jede derartige Mutation hätte sofort in einer Sackgasse geendet, denn wer süchtig ist, kümmert sich nicht mehr um Fortpflanzung und schon gar nicht um die Nachkommen. Was ist also die eigentliche Funktion eines solchen Zentrums? [...]

[S]ystematische Untersuchungen an Affen, die einerseits bestimmte Verhaltensweisen zeigten und bei denen gleichzeitig die Aktivität von Zellen im Bereich des Mittelhirns abgeleitet wurde, brachten den Durchbruch.

Sehr tief im Gehirn, im sogenannten Mittelhirn, sitzt eine kleine Ansammlung von Neuronen, die den Neurotransmitter Dopamin produzieren und über zwei Faserverbindungen weiterleiten: zum einen in den Nucleus accumbens und zum anderen direkt ins Frontalhirn. Es sind nicht sehr viele und ihr Ort im Mittelhirn wird mit dem wenig klangvollen Namen Area A10 bezeichnet. Was genau machen diese Neuronen? Wie man heute weiß, feuern sie dann, wenn ein Ereignis eintritt, das besser ist als erwartet. Dies hat zwei Konsequenzen: Neuronen im Nucleus accumbens, die ihrerseits Opiumähnliche Eiweißkörper produzieren und als Neurotransmitter im Frontalhirn ausschütten, werden aktiviert. Unser Gehirn produziert selbst Opium (man spricht von *endogenen Opioiden* bzw. von *Endorphinen*), und wenn diese im Frontalhirn ausgeschüttet werden, dann macht dies – Spaß!

Die zweite Konsequenz der Aktivierung dopaminerger Neuronen des Mittelhirns besteht darin, dass Dopamin direkt im Frontalhirn ausgeschüttet wird. Dies wiederum bewirkt, dass es besser funktioniert: Man kann besser denken, verarbeitet die gerade vorliegenden Informationen besser. Dies wiederum ist gleichbedeutend damit, dass mehr Aktionspotentiale über mehr Synapsen laufen, was wiederum zur Folge hat, dass besser gelernt wird. Das beschriebene System löst damit eine ganz wesentliche und zugleich schwierige Aufgabe unseres Gehirns: In jeder Sekunde strömen unglaublich viele Informationen auf uns ein. Wir können sie nicht alle verarbeiten. Unser Gehirn hat also das Problem der Auswahl: Was aus dem großen Angebot soll weiter beachtet und verarbeitet werden? Es braucht daher ein Modul, das bewertet und vergleicht. Solange alles nach Plan läuft, also nichts geschieht, was wir nicht schon wüssten, tut dieses Modul nichts. Geschieht jedoch etwas, das besser ist als erwartet, dann feuert das Modul. Dann werden wir wach, aufmerksam, wenden uns dem Erlebnis zu und verarbeiten diese Informationen besser. Das Wichtigste: Wir lernen besser. Auf diese Weise lernen wir langfristig alles, was gut für uns ist.

Betrachten wir ein ganz einfaches Beispiel: Sie laufen durch den Wald und essen grüne, saure Beeren. Nun erwischen Sie eine rote, stecken sie in den Mund und sind ganz überrascht, dass sie so schön süß schmeckt. Von da an suchen sie rote Beeren, denn Sie haben etwas gelernt.

Das klingt sehr einfach, ist es auch. Bedenken wir aber die Konsequenzen: Es geht bei der Aktivierung des Moduls nicht nur um den Spaß, es geht vor allem um das Lernen von all dem, was gut für uns ist. Das Modul springt immer an als Folge eines Vergleichs: Nur wenn etwas besser ist als erwartet, wird es aktiv. So gesehen ist das Glücksempfinden nur ein Nebenprodukt (ich sage ausdrücklich nicht: Abfallprodukt) unseres Vermögens zu lernen.

Man sieht auch sofort: Auf dauerndes Glücklichsein ist das Modul gar nicht ausgelegt. Es ist vielmehr darauf ausgelegt, dass wir dauernd nach dem, was für uns gut ist, streben! Beim Modul unseres Gehirns, das für Glückserlebnisse zuständig ist, geht es also gar nicht um dauerndes Glück, es geht vielmehr um dauerndes Streben. Das ist ein großer Unterschied! Und es kann zur Falle werden. Denn wenn wir zu viel nach Glück streben, kann das Glück verloren gehen. Vor allem dann, wenn wir das Glück immer neu über kurze kleine Episoden zu realisieren versuchen. Wir verstehen jetzt, warum unser Glückserleben psychologisch durch starke Gewöhnungseffekte charakterisiert ist.

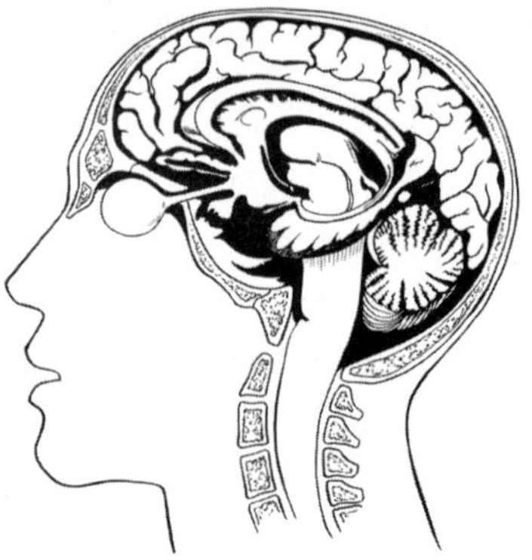

Manfred Spitzer: Glück im Kopf (2008), S. 57–59.

2. *Gliedere den Text in Sinnabschnitte und gib jeder Textpassage eine passende Überschrift.*

3. *Wandle den Text in ein übersichtliches Flussdiagramm um, indem du Schlagwörter und zentrale Begriffe in einen logischen Zusammenhang bringst. Verwende dazu Verbindungslinien, passende Symbole, Folgepfeile, kleine Zeichnungen usw.*

4. *Diskutiert in Kleingruppen: Haben euch die neurobiologischen Informationen weitergeholfen, um der Antwort auf die Frage nach dem Glück näher zu kommen? Warum (nicht)? Überlegt auch, inwiefern sich philosophische und medizinische Gedanken zu diesem Thema ergänzen, widersprechen, relativieren, in Frage stellen und wechselseitig aufeinander beziehen lassen?*

5. *Zusatzaufgabe für Schnelle:*
Recherchiert im Internet nach dem „Märchen vom Fischer und seiner Frau“ der Brüder Grimm. Inwiefern passt die Geschichte zu den neurobiologischen Erklärungen von Manfred Spitzer?

Köstlich – Warum Schokolade gute Laune macht

Schokolade gilt als Stresspuffer, Seelentrösterin und Glücksbringer. Sie soll die Stimmung heben, Kummer vertreiben und beim Lernen helfen; manche behaupten sogar, sie wirke gegen Depressionen, könne Schmerz lindern und diene trotz ihres hohen Fett- und Zuckergehalts letztlich der Gesundheit. Doch was ist dran an diesen verbreiteten Zuschreibungen und Vorstellungen rund um Kakao und Co?
Geht dem Mythos Schokolade als Mystery-Detektive auf die Spur.

1. *Öffnet Umschlag 1. Dort findet ihr eine Frage.*
   Diskutiert in eurer Kleingruppe mögliche Lösungen und Erklärungsvorschläge und formuliert gemeinsam schriftlich eine (vorläufige) Antwort.

2. *Öffnet dann Umschlag 2. Dort findet ihr verschiedene Antworten.*
   Lest erst einmal alle Antwortkarten durch. Jede(r) von euch sollte alle Karten gelesen haben.

3. *Entscheidet dann,*
   a) *welche Aussagen nicht zur Beantwortung der gestellten Frage dienen. Legt diese Karten beiseite.*
   b) *welche Aussage als direkte Antwort auf die gestellte Frage passt. Markiert sie mit dem Buchstaben A.*
   c) *welche der übrigen Aussagen diese Antwort näher begründen. Markiert sie mit dem Buchstaben B.*

4. *Zusatzaufgabe für Schnelle:*
   Entwickelt einen Werbetext und einen Slogan für einen großen Schokoladenhersteller, in denen ihr euer Wissen über die ernährungsphysiologische und -psychologische Wirkung von Schokolade verarbeitet. Wenn ihr Lust habt, könnt ihr auch ein Plakat entwerfen, einen kurzen Video-Werbeclip drehen oder einen Radiowerbebeitrag aufnehmen.

Briefumschlag 1

Zur Bearbeitung der *Zusatzaufgabe 4* kann es ggf. notwendig sein, den Schülern eine knappe Orientierungshilfe an die Hand zu geben, wie eine gelungene Werbung aufgebaut ist. Hierzu eignet sich der Verweis auf das AIDA-Prinzip, das vielen Werbestrategien zugrundeliegt.

A	**I**	**D**	**A**
Attention	**Interest**	**Desire**	**Action**
Aufmerksamkeit erzeugen	Interesse wecken	Bedürfnis wecken	Handlung auslösen

Briefumschlag 2

Evolutionär hat sich für den Menschen eine fett- und zuckerreiche Ernährung lange Zeit als überlebenssichernd erwiesen. Die hohe Energiedichte versprach einen Vorrat für schlechtere Zeiten und aktivierte daher schon bei unseren Vorfahren das neuronale Belohnungszentrum, damit sie beim Essen ordentlich zulangten.

Zwar enthält Kakao natürliche Aufputschmittel, allerdings in einer verschwindend geringen Konzentration. Dies gilt erst recht für Vollmilchschokolade, die einen Kakaoanteil von nur etwa 30 Prozent hat. Ginge es also um die chemischen Glücksbringer aus der Bohne, müsste sich Bitterschokolade viel größerer Beliebtheit erfreuen.

Da Kakaobutter bei Körpertemperatur schmilzt, zergeht sie auf der Zunge und setzt dort intensive Geschmacks- und Geruchsaromen frei. Diese Sinneserregung ist so stark, dass sie angenehme Emotionen hervorruft und positive Empfindungen entstehen.

Schokolade ist oftmals mit positiven Erinnerungen verknüpft. Schon als Kind bekommt man sie zur Belohnung oder bei besonderen Anlässen wie Geburtstagen. Auch Weihnachten und Ostern sind ohne Schoko-Nikolaus und Schmunzelhase kaum vorstellbar.

Schokolade hat einen Brennwert von ca. 500 bis 600 kcal pro 100 g. Das entspricht etwa einem Viertel des täglichen Kalorienbedarfs eines Erwachsenen.

Der Begriff „Schokolade" kommt aus dem Mexiko des 14./15. Jahrhunderts. Die Azteken bezeichneten damit ein kakaohaltiges Getränk, dem auch Vanille und Cayennepfeffer zugesetzt waren.

Phenylethylamin ist ein Amphetamin und eine Stammsubstanz psychedelisch wirksamer Halluzinogene.

Finnische Forscher fanden 2004 heraus, dass Babys von Müttern, die in der Schwangerschaft viel Schokolade verzehrt hatten, im Alter von sechs Monaten aktiver waren und häufiger lächelten oder lachten als Kinder von Müttern, die auf Kakaoprodukte verzichtet hatten.

Die Aminosäure Tryptophan wird für die Herstellung des „Glücksbotenstoffes" Serotonin benötigt. Je mehr davon im Gehirn vorhanden ist, desto mehr Serotonin kann entstehen.

Durch die Zufuhr von Zucker wird die Bauchspeicheldrüse angeregt, Insulin auszuschütten. Dadurch gelangen Aminosäuren leichter ins Gehirn.

Für Hunde kann der Verzehr von Schokolade tödlich sein, da sie das stimulierende Theobromin nicht abbauen können. Dies gilt auch für Katzen, Vögel und Pferde, die ebenfalls mit Fieber, Blutdruckanstieg, Krampfanfällen, Atemstillstand und Herzversagen auf größere Mengen Schokolade reagieren.

Zur Herstellung von Neurotransmittern, die die Informationen von Nervenzelle zu Nervenzelle weitergeben, benötigt der Körper Aminosäuren.

Tryptophan ist in Kakaopulver, Cashewkernen und Sojabohnen enthalten.

Kakaobohnen enthalten Koffein und das koffeinähnliche Theobromin, das ebenfalls einen anregenden und stimmungsaufhellenden Effekt hat. Außerdem kommen winzige Mengen Phenylethylamin und Anandamid vor.

Arachidonylethanolamid, auch Anandamid genannt, kann vom Körper selbst hergestellt werden und ist verwandt mit einer Fettsäure, die besonders häufig im zentralen Nervensystem vorkommt. Es bindet an die gleichen Rezeptoren wie das THC der Cannabis-Pflanze.

Künstlich – High sein und frei sein

1. *Gerade hast du den Animationskurzfilm „NUGGETS" von Andreas Hykade (Deutschland, 2014) gesehen. Ergänze folgenden Satzanfang:*

   Der Kurzfilm „NUGGETS" handelt (da-)von ______________________________

   ____

   ____

2. *Der Kiwi, die Hauptfigur des Films, macht im Verlauf der dargestellten Geschichte eine Entwicklung durch. Bringe die folgenden neun Begriffe in die richtige Reihenfolge der Filmhandlung.*

   - Wirkungsverlust / Toleranzsteigerung
   - Neugier
   - Kontrollverlust
   - Gewöhnung
   - Verfall
   - Zufall (1)
   - Verführung
   - Rausch / Euphorie
   - Verlangen

3. *Betrachte unten stehenden Screenshot und lasse den Kiwi selbst zu Wort kommen. Was, glaubst du, fühlt er in der Situation? Woran denkt er? Wie ist sein körperlicher Zustand? Welche Absichten und Erinnerungen, Erwartungen und Hoffnungen hat er? Formuliere in der Ich-Perspektive.*

4. *Im Film erfahren die Zuschauer nicht, in welcher Situation oder Stimmung sich der Kiwi befindet, als er zum ersten Mal auf das Nugget aufmerksam wird. Was, meinst du, kann es begünstigen, sich zu Rauschmitteln verführen zu lassen und in eine Abhängigkeit zu geraten?*
Ergänze das Cluster.

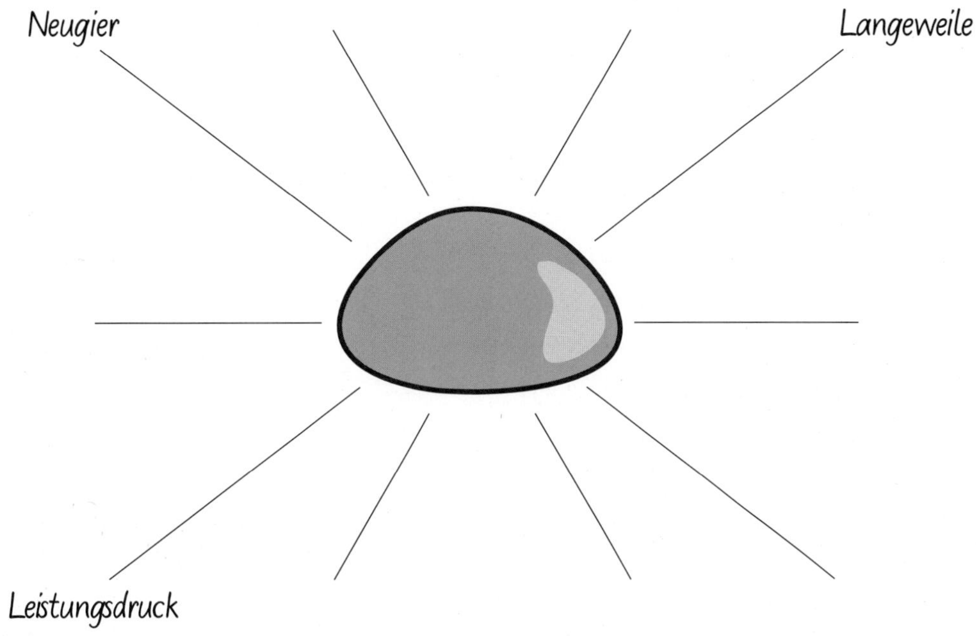

5. *Im Film „NUGGETS" wird der Kiwi durch das goldene Nugget immer stärker verführt, berauscht und beherrscht.*
   a) *Wofür könnte das Nugget sinnbildlich stehen?*
   Nennt Beispiele für Verhaltensweisen und Stoffe, die abhängig machen können.
   b) *Welche Wirkung haben diese Suchtmittel gemeinsam?*

6. *Der Film hat ein offenes Ende, das heißt, die Zuschauer erfahren nicht, wie sich der Kiwi letztlich verhält und was mit ihm geschieht. Wie könnte die Geschichte weitergehen?*

Tun statt Ruh'n – Im Flow sein

Ich weiß nicht, ab welchem Kilometer und zu welchem Zeitpunkt ich angefangen habe ❍♓♍♒ ⌘◆ ♐✓♒●♏■ ♋●⬧ →✓❒-♎♏ ♓♍♒ ⬧♍♒→♏♌♏■. Meine Füße schienen den Boden nicht mehr zu berühren, der Schmerz in meinen Beinen war nicht mehr da, ich flog einfach schwerelos vorwärts, ♎♋♍♒⧫♏ ♋■ ■♓♍♒⧫⬧ ❍♏♒❒ und war ♏♓■♐♋♍♒ ♑●✓♍&●♓♍♒.

STEFAN (28), MARATHONLÄUFER

Ich schrieb an diesem Kapitel meines zweiten Romans und merkte, wie mir die Worte wie von selbst in die Feder flossen. Es war, ♋●⬧ →✓❒♎♏ ♓♍♒ ♑♋❒ ■♓♍♒⧫ ❍♏♒❒ ■♋♍♒♎♏■-&♏■ oder schreiben, sondern als sei ich selbst Teil der Geschichte, als würde ich ❖□●● ♓❍ ♑♏-⬧♍♒♏♒♏■ ♋◆♐-♑♏♒♏■.

ANDREA (47), AUTORIN

Ich habe die ganze Nacht über diesem Rätsel gesessen, gerechnet und rumprobiert und ♎♓♏ ♑♋■⌘♏ →♏●⧫ ◆❍ ❍♓♍♒ ♒♏❒◆❍ ❖♏❒♑♏⬧⬧♏■.

ALEXANDRA (30), MATHEMATIKERIN

Wenn ich mein Lieblingsspiel am PC spiele, bin ich manchmal ⬧□ ❖♏❒⧫♓♏♐⧫ ♎♋⬧⬧ ♓♍♒ ♋●●♏⬧ ◆❍ ❍♓♍♒ ♒♏❒◆❍ ❖♏❒♑♏⬧⬧♏. Dann höre ich oft auch nicht, wenn mich z. B. meine Mutter ruft oder es klingelt und ich ♐✓♒●♏ ❍♓♍♒ ❖⬀●●♓♑ ♋◆←♏❒♒♋●♌ ♎♏❒ ⌘♏♓⧫.

FALK (14), SCHÜLER

Symbolcode:

A =	♋	N =	■
B =	♌	O =	□
C =	♍	Ö =	⬀
D =	♎	P =	❑
E =	♏	R =	❒
F =	♐	S =	⬧
G =	♑	ß =	←
H =	♒	T =	⧫
I =	♓	U =	◆
J =	er	Ü =	✓
K =	&	V =	❖
L =	●	W=	→
M=	❍	Z =	⌘

An manchen Tagen verfalle ich beim Gitarrespielen in ♏♓■♏ ♋❒⧫ ⧫❒♋■♍♏. Keine Ahnung, wie das geht, aber plötzlich ist es dann so, als würde ich →♓♏ ♓❍ ❒♋◆⬧♍♒ spielen. Dann steuere ich meine Finger nicht mehr, sondern die Töne kommen →♓♏ ❖□■ ⬧♏●♌⬧⧫ aus den Saiten und ♓♍♒ ♌♓■ ❖⬀●●♓♑ ♏♓■⬧ mit der Musik.

SIMON (22), MUSIKER

1. Entschlüssele die in Geheimschrift gedruckten Textteile in den obenstehenden Sprechblasen.

2. Die Erfahrungsberichte geben einen kleinen Einblick in das „Geheimnis des Flow-Erlebnisses". Fasse in eigenen Worten zusammen, was es damit auf sich hat.

3. *Kennst du ein solches Flow-Erlebnis aus deiner eigenen Erfahrung?*

Wenn ja: Wobei hast du völlig die Zeit und alles um dich herum vergessen? In welcher Tätigkeit bist du voll und ganz aufgegangen?

Erzähle davon in untenstehender Sprechblase.

4. *Beim Thema „Glückserlebnis" werden die Begriffe „Achtsamkeit" und „Flow" häufig in einen Topf geworfen, obwohl sie verschiedene Weltzugänge bzw. Phänomene bezeichnen.*

Erkläre die Begriffe mit der nötigen Trennschärfe. Benenne dazu zunächst Unterschiede und Gemeinsamkeiten.

Tipp: *Greife ruhig auf deine Arbeitsergebnisse aus der Unterrichtseinheit zum Thema „Achtsamkeit" zurück und/oder recherchiere beide Begriffe im Internet.*

Chemie aus dem Gleichgewicht – Eine Depression ist mehr als schlechte Laune

1. *Betrachte das obenstehende Bild und beschreibe möglichst genau, was du siehst. Verzichte an dieser Stelle noch völlig auf eine Interpretation oder Deutung. Konzentriere dich stattdessen zunächst auf das Erfassen der vielen Details der Bildgestaltung.*

2. *Welchen Titel würdest du dem Bild geben? Warum?*

3. *Inwiefern, findest du, passt das Bild (nicht) zu deinem Verständnis des Begriffs „Depression" und zu deinen Vorstellungen von dieser Krankheit?*

4. *Setzt euch zu dritt oder viert zusammen und tauscht euch über eure Arbeitsergebnisse aus den Aufgaben 2 und 3 aus. Diskutiert anschließend mögliche Deutungen eurer Bildbeobachtungen. Wofür könnten einzelne Motive sinnbildlich stehen?*

Diagnose Depression – Wenn Traurigkeit zur Krankheit wird

Niedergeschlagen, pessimistisch, schlecht gelaunt – das sind wir alle mal. Doch was ist, wenn die Traurigkeit länger anhält und die Lebensfreude ganz verloren geht? Mediziner sprechen dann von einer Depression, die – je nachdem, ob sie nur einmal auftritt, immer wiederkehrt oder chronisch ist – in verschiedene Formen und Schweregrade eingeteilt wird. Das internationale Klassifikationssystem ICD-10, das Ärzt(inn)en dabei hilft, anhand gleichzeitig auftretender Symptome Krankheiten zu diagnostizieren, definiert die psychische Störung so:

F32: Depressive Episode / Depression

[...] [D]er betroffene Patient [leidet] unter einer gedrückten Stimmung und einer Verminderung von Antrieb und Aktivität. Die Fähigkeit zu Freude, das Interesse und die Konzentration sind vermindert. Ausgeprägte Müdigkeit kann nach jeder kleinsten Anstrengung auftreten. Der Schlaf ist meist gestört, der Appetit vermindert. Selbstwertgefühl und Selbstvertrauen sind fast immer beeinträchtigt. Sogar bei der leichten Form kommen Schuldgefühle oder Gedanken über eigene Wertlosigkeit vor. Die gedrückte Stimmung verändert sich von Tag zu Tag wenig, reagiert nicht auf Lebensumstände und kann von so genannten „somatischen" Symptomen begleitet werden, wie Interessenverlust oder Verlust der Freude, Früherwachen, Morgentief, deutliche psychomotorische Hemmung, Agitiertheit, Appetitverlust, Gewichtsverlust und Libidoverlust. [...]

5. *Vergleicht eure Vorstellungen von Depression aus Aufgabe 3 mit den Informationen, die der oben stehende Auszug aus dem ICD-10-Katalog enthält. Welche Aspekte sind neu für euch? Welche eurer Symptom-Vermutungen findet ihr nicht bestätigt?*

6. *Lies die folgenden Sprechblasen und beurteile mithilfe deines Wissens aus dem ICD-10-Text, welche Äußerungen möglicherweise von einem depressiven Patienten stammen. Hebe sie farbig hervor. Markiere auch diejenigen Sprechblasen, bei denen du dir nicht sicher bist.*

Ich fühle mich seit einiger Zeit ausgebrannt, bin ständig müde und erschöpft. Nicht einmal meine Hobbys machen mir noch wirklich Spaß. Eigentlich habe ich auf gar nichts mehr Lust.

Alles, was ich mache, kommt mir sinnlos vor. Mein Leben fühlt sich an, als würde es mit angezogener Handbremse an mir vorbeiziehen. Ich bin ein Versager.

Ich bin traurig. Irgendwie läuft nichts so, wie ich es mir vorstelle. Es geht echt alles schief.

Meine Familie, meine Freunde, die Nachbarn, alle gehen mir so dermaßen auf die Nerven! Am liebsten würde ich sie auf den Mond schießen!

Was soll das alles bringen? Heute, morgen, übermorgen – immer das gleiche. Und nichts, was ich anpacke, ist von Dauer. Letztlich bedeutet es nichts und vergeht wie alles andere – egal wie wichtig es mir ist oder wie sehr ich mich anstrenge.

Wie soll ich das schaffen? Mir ist alles viel zu viel. Ich hab das Gefühl, das wächst mir alles über den Kopf!

Seit Wochen kann ich nicht schlafen oder wache viel zu früh auf und grüble nur vor mich hin. Ich bin schon morgens wie gerädert und würde am liebsten überhaupt nicht aufstehen. Wahrscheinlich würde ich niemandem fehlen, wenn ich morgen nicht mehr da oder einfach tot wäre.

Manchmal höre ich Stimmen, die mir sagen: Mach Schluss!

7. *Nur schwermütig, schon länger traurig oder bereits depressiv – die Grenzen erscheinen fließend und eine handfeste Diagnose ist mitunter schwierig.*
Lies den Auszug aus einem Essay des Philosophieprofessors Wilhelm Schmid und
a) gib seine Definition von „Glück" mit eigenen Worten wieder,
b) erläutere den Titel des Aufsatzes,
c) erkläre den Unterschied zwischen Depression und Melancholie.

8. *„[Es gibt] gute Gründe für eine Ermutigung zum Unglücklichsein." – Wie findest du diese These?*
Verfasse einen Leserbrief an Wilhelm Schmid, in dem du zu seinen Ausführungen Stellung nimmst.

WILHELM SCHMID: Vom Glück des Unglücklichseins

Was ist der wahre Weg zum Glück? Die hysterische Beschwörung des Glücks sicher nicht. Menschen machen sich unglücklich, wenn sie glauben, immer glücklich sein zu müssen. Denn Glück bedeutet nicht, nur eine Seite des Lebens, nämlich die des Angenehmen, Lustvollen und Positiven anzuerkennen und allein zu betonen. Wer immer nur auf diese Weise glücklich sein will, versteht nichts vom Glück. Das größere Glück, das Glück der Fülle, umfasst immer auch die andere Seite, das Unangenehme, Schmerzliche und Negative, mit dem zurechtzukommen ist. [...] Es ist nicht die Bestimmung des Menschen, immer nur zufrieden zu sein, sonst säßen wir noch immer zufrieden in den Bäumen. Die Geschichte der Künste und der Wissenschaften zeigt hinreichend, zu welch bemerkenswerten Entwicklungen Menschen in der Lage sind, aber viele von denen, die dazu beitrugen, haben nicht aus Zufriedenheit ihre Werke geschaffen und ihre Entdeckungen gemacht. [...] Das andere Glück umfasst sogar das Unglücklichsein. Das ist die Paradoxie des Glücks der Fülle: Dass ein Glücklichsein möglich ist, bei dem das Unglücklichsein nicht ausgeschlossen werden muss, sondern einbezogen werden kann. Das ist ja auch der Kontrast, der ein Glücklichsein überhaupt erst fühlbar macht. Daher können diejenigen am glücklichsten sein, die ein Unglücklichsein erfahren haben. Häufig geht das Unglücklichsein damit einher, traurig zu sein, bedrückt und niedergedrückt, depressiv zu sein. Aber das ist keine Krankheit, sondern eine Art und Weise des menschlichen Seins, die wesentlich zur Existenz des Menschen gehört. [...] Depression droht zu einer Chiffre zu verkommen, unter die jede Phase vorübergehender Unzufriedenheit gefasst wird. Denn viele Menschen im Zeitalter der Selbstoptimierung haben verlernt, Verstimmungen zu ertragen. Ihnen fehlt es an Kritik- und Reflexionsfähigkeit – also an der Fähigkeit, nicht an „all dem Quatsch" um sich herum teilnehmen zu müssen. [...] Wohlbegründet ist das Traurigsein, wenn ein Mensch angesichts dessen, was sich jetzt und künftig nicht mehr ändern lässt, traurig wird: Was vergangen ist, lässt sich nicht mehr zurückholen. [...] Und es gibt das scheinbar grundlose Traurigsein, das mit Aussagen wie: „Eigentlich stimmt bei mir alles, ich weiß gar nicht, was mit mir los ist." Vielleicht geht dieses Traurigsein gerade daraus hervor, dass alles stimmt: Das Leben, das nur noch die Stimmigkeit kennt, verlangt nach dem Gegenpol der Unstimmigkeit. Auch die unentwegte Lebensfreude kann erschöpfend sein und bedarf einer Erholung, wie das Traurigsein sie ermöglicht.
Moderne Menschen suchen das Glück vorzugsweise in der guten Stimmung – bei einer traurigen Verstimmung müssen sie sich von dieser lästigen Störung alsbald wieder befreien. [...]
Ein treffendes Wort für das Traurigsein und Deprimiertsein ist Melancholie [...]. Melancholie ist die Seinsweise einer Seele, die [...] schmerzt und sich ängstigt, ohne dass dies in irgendeiner Weise als „pathologisch" gelten könnte. [...] Anders als die Krankheit Depression, deren Kennzeichen erstarrte Gefühle und die Unfähigkeit zur Reflexion sind, ist Traurig- und Melancholischsein von bewegten Gefühlen und Gedanken geprägt, von übergroßer Sensibilität und nicht mehr endender Besinnung und Selbstbesinnung. Es gibt daran nichts zu heilen, eher ist diese Seite des Menschseins zu pflegen. [...] Melancholiker denken über alles nach, daher sind seit jeher so viele Philosophen und Künstler unter ihnen zu finden. Psychologische Untersuchungen bestätigen [...]: Traurigkeit schärft die Sinne. [...] Die Stärke der Melancholiker ist ihre Sensibilität, ihr Gespür für Sinn und dessen Fehlen; darin besteht ihr Geschenk an die Gesellschaft. Die Schattenseiten des Glücks sind schon aus diesem Grund nicht sinnlos: Erheblich früher als die Glücklichen bemerken die Unglücklichen eine Gefahr, eine Fehlentwicklung, ein Unrecht und eine Ungerechtigkeit. Eher als bei den Optimisten, von denen nicht wenige den Anblick eines problembeladenen Menschen bereits als Behinderung ihrer positiven Weltsicht empfinden, findet sich Mitgefühl bei Melancholikern. Schon aus diesem Grund ist es nicht akzeptabel, dass bei all dem Reden über Glück die Unglücklichen immer mehr ins Abseits gestellt werden. Eher gibt es gute Gründe für eine Ermutigung zum Unglücklichsein.

WILHELM SCHMID, geb. 1953, lehrt
Philosophie an der Universität Erfurt.

Didaktisch-methodische Hinweise

Seite 70–73:

Unendlich glücklich: mit Gott I + II

Vorbereitung: Vorlagen in Klassensatzstärke kopieren, DIN-A4- oder DIN-A3-Kopie des Placemats, Bibeln; evtl. Plakate und Buntstifte

Die Einheit „Unendlich glücklich: mit Gott" ist zweiteilig. Richtet sich I noch an alle Altersstufen und Lerngruppen, so ist II eher für ältere und leistungsstärkere Schüler vorgesehen. In I wird zunächst eine Verbindung hergestellt zwischen Gott und dem Thema Glück, was anschließend eine gestalterische und an die Bibel angebundene Vertiefung erfährt, wohingegen in II der christliche Glaubensgrund in einem theologischen Sachtext mittleren Niveaus zu erfassen ist.

Für I ist kein gesonderter Einstiegsimpuls vorgesehen, da dem Arbeitsblatt samt Placemat-Methode eine hinführende Funktion zukommt. Für ausreichend Schreibraum wird eine DIN-A3-Kopie der Vorlage empfohlen. Bei der zweiten Aufgabenstellung zur Plakatgestaltung sind differenzierende Maßnahmen denkbar. Besonders schnellen Schülern kann aufgetragen werden, den Ausgangspsalm für das Beispielplakat zu finden (Ps 40,5). Ferner könnten etwa drei bis fünf Schüler zu kleineren Gruppen zusammenkommen. Sie vergleichen nach der Einzelarbeit ihre Ergebnisse und gestalten im Anschluss gemeinsam ein großes Plakat (etwa DIN A2).

Die Aufgabenstellungen von II kreisen um den Fénelon-Textauszug und dienen der Texterschließung. Sie können von den Schülern ohne stärkere Anleitung selbstständig angegangen werden. Aufgabe 4 nimmt in Anlehnung an Fénelons Duktus noch einmal stärker die persönliche Situation der Schüler in den Blick, da sie hier ihre Auffassung von Gottes Einfluss auf das persönliche Glück in Worte fassen sollen.

Seite 74/75:

Beten macht Sinn: mit Gott im Gespräch bleiben

Vorbereitung: Vorlagen in Klassensatzstärke kopieren; Scheren, Kleber, evtl. auch Buntstifte mitbringen lassen

Diese Arbeitsblätter beschäftigen sich mit dem Gebet, denn nur ein ansprechbarer Gott ist auch einer, der Glück zu schenken vermag. Die Schüler reflektieren in dieser Einheit ihr eigenes Gebetsverständnis, lesen und schreiben eigene Gebete und basteln einen eigenen Gebetswürfel.
Dabei kann der anzufertigende innere Monolog als Einstieg in die Thematik genutzt werden. Bevor die Schüler den Gebetswürfel basteln, für den eine DIN-A3-Kopie der Vorlage empfohlen wird, sind sie – angeregt durch zahlreiche Zitate – aufgefordert, in der Art einer Definition auf den Punkt zu bringen, was Beten eigentlich für sie heißt.
Die entstandenen Gebetswürfel können zukünftig auch für das gemeinsame Klassengebet genutzt werden.

Seite 76–78:

Die innere Mitte finden: Meditation und Kontemplation

Vorbereitung: Vorlagen in Klassensatzstärke kopieren; evtl. meditative Musik, DIN-A4-Blätter (blanko)

Der Poet sei, so der frühromantische Dichter Novalis, der transzendentale Arzt. Die Aussage ist sicher streitbar, drückt aber die enge Verbindung aus, welche nach romantischer Vorstellung zwischen Lyrik und Religion besteht. Die lyrische Sprache vermag oftmals doch mehr von dem (göttlichen) Geheimnis freizulegen und unser Herz zu berühren, als es das nüchterne Wort jemals könnte. Aus diesem Grunde finden sich in diesem Unterkapitel lyrische Einsprengsel, die den Schülern das Wesen der Meditation, vor allem aber die performativ nicht unterrichtlich zu arrangierende Kontemplation näherbringen wollen.
Nach einer Phase des automatischen Schreibens (auch bekannt als *Écriture automatique*) wird die Walnuss-Meditation durchgeführt. Den Schülern soll auf diese Weise eine Kontrasterfahrung ermöglicht werden. Die vorher vermutlich eher konfusen Gedanken zu unterschiedlichsten Themen sind während der Meditation fokussiert, was in der zweiten Schreibphase reflektiert wird.
Die Aufgaben zur Kontemplation als geistiges Sichversenken auf Gott hin sollten im Anschluss (idealerweise in derselben Stunde) bearbeitet werden, da die Erfahrungen aus der Meditation zu einem vertieften Lernprozess beitragen können.

Seite 79–81:

Das Glück liegt auf der Straße: Pilgern

Vorbereitung: Vorlagen in Klassensatzstärke kopieren; Pilgerpass empfohlen als DIN-A3-Kopie, Scheren

Die Schüler beschäftigen sich mit einem Wesenskern des Pilgerns, bei dem der Weg durch das Ziel geprägt wird. In einem zweiten Schritt wird der Gedanke Anselm Grüns, das gesamte Leben als Pilgerschaft aufzufassen, erarbeitet und schließlich auf das eigene Leben bezogen.
Als Eröffnungsimpuls ist bei der auch medial sehr präsenten Pilgerthematik vieles denkbar; verwiesen sei hier nur auf die berühmte Jakobsmuschel oder eine/-n regional bekannte/-n Pilgerweg/-stätte.
Nach dem ersten Arbeitsblatt wird eine sichernde Unterrichtsphase empfohlen, um ein Fundament zu schaffen für die nachfolgende abstraktere Vorstellung des Lebens als Pilgerschaft. Der „Pilgerpass meines Lebens" ist nicht als sachliches Curriculum Vitae aufzufassen und auch die Inhalte aus Kapitel 2 sollen hier nicht wiederholt werden. Im Anschluss an den Kerngedanken des Textes geht es vielmehr darum, sich und somit auch Gott näherzukommen. In diesem Sinne sind Etappen und Daten zu vermerken. Im unterrichtlichen Gespräch kann dann darüber hinaus auch auf die sicher interessanten Angaben zu „Angekommen am" und dem „Ort" eingegangen werden.

Seite 82/83:

„Werdet weise!" (Spr 8,33): Verantwortung für die Schöpfung übernehmen

Vorbereitung: Vorlagen in Klassensatzstärke kopieren

Glück braucht einen Ort: die Schöpfung. Dass man für diese Verantwortung übernehmen muss, wird hier zum Gegenstand des unterrichtlichen Nachdenkens. Mit Spr 8,22–33 wird dazu eine eher unübliche Bibelstelle herangezogen, die sich jedoch für die Thematik besonders gut eignet – vor allem weil die Schüler dort auf die personifizierte Weisheit treffen, die seit Anbeginn der Schöpfung anwesend war.
Für den Erstkontakt mit der Bibelstelle wird die *Västerås-Methode* verwendet, welche auch ohne Vorerfahrungen schnell genutzt werden kann, um einen intensiven Dialog mit dem Bibeltext und anderen Lesern anzuregen. Je nach Lerngruppe kann der Austausch im Anschluss an die *Västerås-Methode* auch durchaus im Unterrichtsgespräch stattfinden (statt Aufgabe 1) und erst danach eine vertiefte Auseinandersetzung mit der Funktion der Weisheit erfolgen.

Seite 84/85:

Endgültiges Glück: bei Gott sein

Vorbereitung: Vorlagen in Klassensatzstärke kopieren; evtl. „Lied vom Scheitern" abspielen

Das letzte Kapitel besteht aus zwei zusammenhängenden Arbeitsblättern und ist als Lernaufgabe angelegt, welche die Schüler selbstständig durchlaufen. Die Einheit ist für ältere Lerngruppen vorgesehen, da die hier angeregte Erkenntnis einen gewissen Reifegrad voraussetzt. Mittels eines Auszuges aus dem *Lied vom Scheitern* von der Band „Die Ärzte" (downloaden unter:
https://genius.com/Die-arzte-lied-vom-scheitern-lyrics), das über die abgedruckten Bilder mit dem Selfie-Phänomen verbunden wird, und eines Abschnitts aus dem *Marionettentheater* (Heinrich von Kleist) soll ein vertieftes Verständnis der Bibelstelle zur *Segnung der Kinder* ermöglicht werden. Im Jetzt nähert sich der Mensch Gott an, indem er ihm vollkommen vertraut. Dies schließt ein, alle Reflexion fallenzulassen und zu einer „zweiten Naivität" (Paul Ricœur) zu gelangen.

Unendlich glücklich: mit Gott I

„Der Mensch lebt nicht vom Brot allein." (Mt 4,4) – Diesem Satz möchte man schnell zustimmen, denn natürlich braucht es mehr zum Leben. Familie und Freunde, einen schönen Wohnort, erfüllende Aufgaben in der Schule, im Beruf und in der Freizeit, Urlaub und vieles mehr. Doch gemeint ist hier etwas anderes. Der Bibelvers bringt die Hoffnung, den Glauben oder die feste Überzeugung vieler Menschen zum Ausdruck, dass es im Leben mehr gibt – Gott. Für Christen ist dieser Gott ein ständiger Begleiter: Man spricht zu ihm im Gebet, versucht ihm schon im Leben näherzukommen, geht auf ihn zu und ist nach dem Tod schließlich für immer bei ihm.

Die Internetseite sowie die Aktionen von „gott.net" möchten Menschen auf originelle Weise ansprechen und sie anregen, über Gott nachzudenken. Das Besondere: Bei den kurzen Sätzen oder Impulsen auf unterschiedlichen Medien erscheint es immer so, als würde Gott den Leser persönlich ansprechen. Ein Plakat wie dieses könnte euch am Straßenrand begegnen. Was haltet ihr davon?

Vertraue mir.
Ich bringe Glück.
— GOTT

1. *Kommt darüber ins Gespräch und nutzt dafür die Placemat-Methode auf dem vorbereiteten Arbeitsblatt. Jede/-r von euch schreibt im eigenen Feld auf, wie ihr zu dem Plakat steht. Dreht das Placemat dann einmal im Uhrzeigersinn. Lest und kommentiert die Stellungnahme, die nun vor euch liegt. Verfahrt so weiter, bis das Schreibgespräch ins Stocken gerät.*

Immer wenn in der Bibel von „Glück" die Rede ist, spricht man von Seligpreisungen oder auch den sogenannten Makarismen (abgeleitet vom griechischen *makários* bzw. *makárioi* – selig, glücklich, heil, wohl). Sie finden sich sowohl im Alten wie auch im Neuen Testament und werden meist mit „Wohl ..." oder „Selig ..." eingeleitet.

2. *Für die Sätze oder auch nur Worte auf den Plakaten von „gott.net" dienen oft Bibelverse als Inspiration. Hilf den Redakteuren und gestalte ein Straßenplakat, das die Menschen anspricht und etwas mit dem Thema „Glück" zu tun hat. Die unten abgedruckten Bibelstellen entstammen alle dem Buch der Psalmen. Schlage sie nach und nutze eine davon als Grundlage, die du aber nicht wörtlich einsetzen musst.*

Ps: 1,1 | 2,12 | 32,1f. | 33,12 |
34,9 | 40,5 | 41,2 | 65,5 |
84,5f.13 | 89,16 | 94,12 | 106,3 |
112,1 | 119,1f. | 127,5 | 128,1f. |
137,8f. | 144,15 | 146,5

— GOTT

Vertraue mir.
Ich bringe Glück.
— GOTT

Unendlich glücklich: mit Gott II

François de Salignac de La Mothe-Fénelon (1651–1715), kurz Fénelon, war Erzbischof von Cambrai in Nordfrankreich. Man zählt ihn bis heute zu den bedeutendsten geistlichen Schriftstellern Frankreichs. Echtes Glück, das bei Fénelon aufs Engste mit Ruhe und innerem Frieden verbunden ist, kann es für ihn ohne Gott nicht geben. Folgen wir ein wenig seinen Gedanken …

> Das einzige Mittel, Ruhe zu finden, ist, dass man von sich selbst ausgehe. Man muss sich verleugnen und alle Eigenliebe verlieren, damit man nichts weiter zu verlieren, noch zu fürchten, noch zu schonen habe. Alsdann schmeckt man den wahren Frieden, der da aufbehalten ist den gutwollenden Menschen; das ist denen, die keinen anderen Willen haben als den Willen Gottes, der ihr Wille wird. – Alsdann können die Menschen uns nichts mehr anhaben; denn sie können uns nicht mehr weder bei unserm Begehren noch bei unserm Fürchten fassen. Alsdann wollen wir alles, was Gott will, und wir wollen nichts von dem, was Er nicht will. Das heißt dem Feind unzugänglich, das heißt unverwundbar werden. – Der Mensch kann uns nichts zuwidertun, als was Gott ihm zu tun gestattet. Und was Gott ihm wider uns zu tun gestattet, ist der Wille Gottes und also auch der unsere.
> In diesem Zustand hat man seinen Schatz so hoch gebettet, dass keine Hand hinaufreichen kann, um ihn uns zu rauben. […] Man will das, was man hat, und will nichts von dem, was man nicht hat. Je vollkommener diese Hingabe ist, desto tiefer ist der Friede.

Die folgenden Aufgaben helfen dir, den über dreihundert Jahre alten Text besser zu verstehen. Denn der Inhalt hat es in sich und ist auch heute noch wertvoll. Los geht's!

1. Formuliere in zwei bis drei Sätzen, worum es in dem Text geht.

____

____

____

____

2. Der Text folgt einem klaren Aufbau, den du weiter unten ablesen kannst. Trage für jeden Abschnitt die passenden Zeilenangaben ein und fasse den Inhalt kurz zusammen.

These (Zeile ____________) ______________________________

____

____

Erste Folge (Zeile ____________) ______________________________

____

____

Zweite Folge (Zeile ____________) ______________________________

____

____

Dritte Folge (Zeile ____________) ______________________________

____

Ergebnis (Zeile ____________) ______________________________

____

____

3. *Fénelon verfasst eine Art Anleitung zum Glücklichsein („Man muss ...“). Doch einen langen Text merkt man sich nur schwer, einfacher ist es da mit einem geistreichen Spruch als Hilfe. Diese sogenannten Aphorismen finden sich oft in Kalendern oder auch als Statustext bei WhatsApp und Co. Formuliere einen solchen Sinnspruch, der zu Fénelons Gedanken passt.*

____

____

____

____

4. *Und was hat Gott für* ***dich*** *mit Glück zu tun? Verfasse wie Fénelon eine Anleitung, aus der dies hervorgeht. Du könntest etwa so beginnen:*

Jeder möchte glücklich werden. Dafür muss man ...

Beten macht Sinn: mit Gott im Gespräch bleiben

Der heilige Pfarrer von Ars (1786–1859) ging eines Tages durch seine Kirche und sah dort einen einfachen Bauern sitzen. Dieser Bauer kam sehr oft in das Gotteshaus und immer saß er so wie auch an diesem Tag schweigend in der Bank, Stunde um Stunde, seinen Blick in Richtung Altar gewandt. Auf die Frage des Pfarrers, was er denn hier die ganze Zeit mache, antwortete der Bauer: „Ich schaue Ihn an, und Er schaut mich an. Das ist genug."

1. *Das ist sicher nicht die Antwort, die der Pfarrer erwartet hätte. Welche Gedanken gehen ihm wohl durch den Kopf, bevor er den Bauern anspricht? Formuliere einen inneren Monolog, in dem du diese Gedanken des Pfarrers ausformulierst. Dein Text könnte etwa so anfangen ...*

   Hm, jetzt sehe ich diesen Bauern schon so lange jeden Tag über mehrere Stunden hier sitzen ...

2. *DAS Beten gibt es nicht, denn jeder bleibt auf seine Weise mit Gott im Gespräch. Und trotzdem kann man versuchen, es auf den Punkt zu bringen. Lasse dich von den umstehenden Zitaten inspirieren und halte fest, was Beten für dich bedeutet.*

Es muss wohl Menschen geben, die auch für solche beten, die niemals beten. (Victor Hugo)

Das Gebet fängt bei Gott selbst an. Er fängt an, nicht wir. (Klaus Hemmerle)

Schon der Wunsch zu beten ist ein Gebet. (Georges Bernanos)

Der liebe Gott liebt es, belästigt zu werden. (Hl. Pfarrer von Ars)

Beten heißt: sich aus der Angst der Welt aufmachen und zum Vater gehen. (Friedrich von Bodelschwingh)

Denn geschaffen hast Du uns zu Dir, und ruhelos ist unser Herz, bis dass es seine Ruhe hat in Dir. (Hl. Augustinus)

Darum sage ich euch: Alles, worum ihr betet und bittet – glaubt nur, dass ihr es schon erhalten habt, dann wird es euch zuteil. (Mk 11,24)

Jeder Mensch hat ein Gebet, das allein ihm gehört, wie er eine Seele hat, die ihm allein gehört. So, wie es jedem Menschen schwerfällt, seine Seele zu finden, so fällt es ihm auch schwer, sein Gebet zu finden. (Elie Wiesel)

Fürbitten heißt: jemandem einen Engel senden. (Martin Luther)

Über das Beten lässt sich viel nachdenken. So richtig weiß man aber erst davon zu sprechen, wenn man es ausprobiert. Weiter unten findest du die Umrisse eines Gebetswürfels. Drei Gebete stehen bereits dort, drei fehlen noch. Fülle die noch unbeschriebenen Seiten mit eigenen Gebeten. Anschließend musst du den Würfel ausschneiden und die markierten Flächen zum Verkleben nutzen. Fertig ist dein eigener Gebetswürfel!

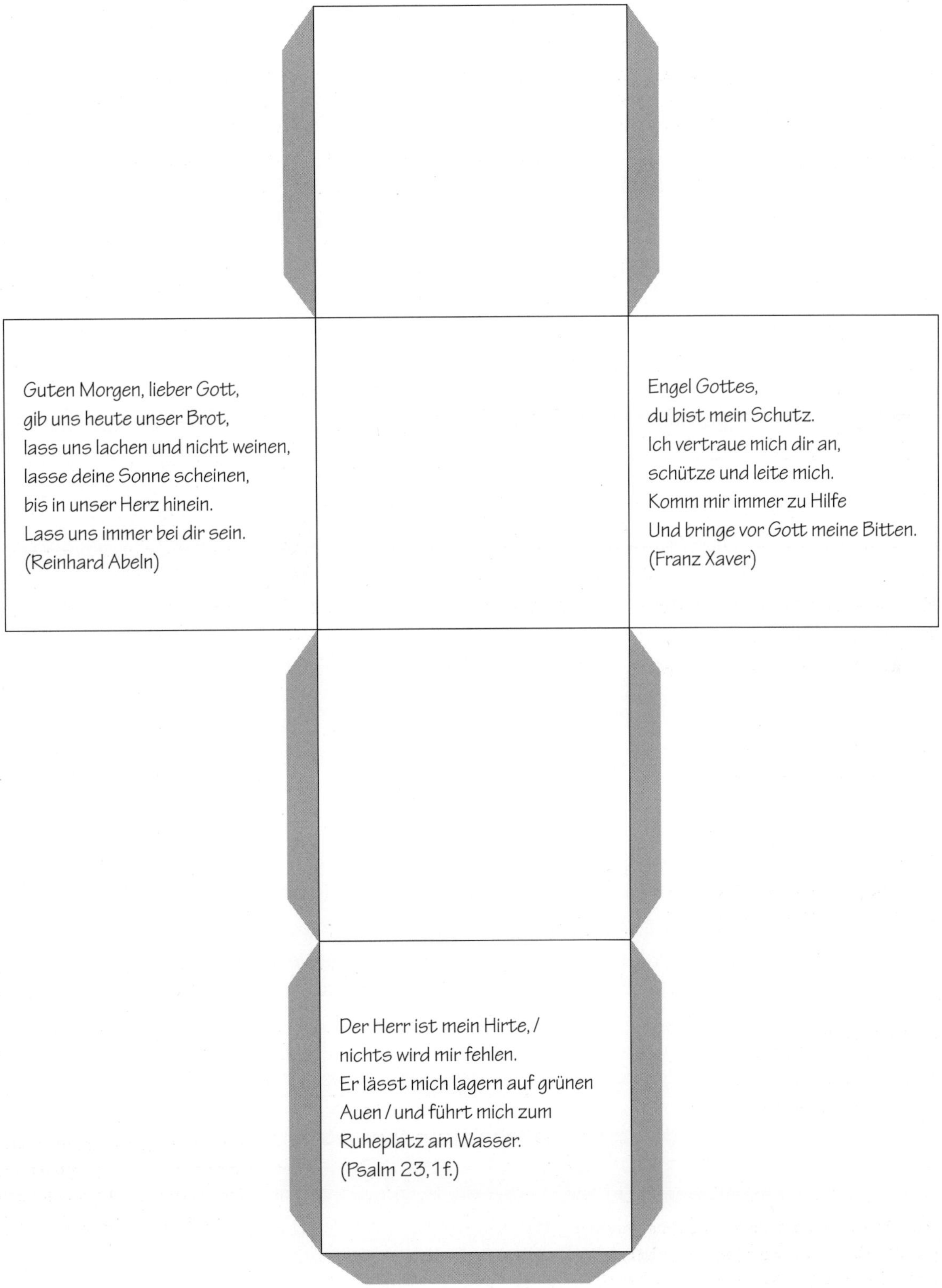

Die innere Mitte finden: Meditation und Kontemplation

Die Walnuss

Deine Augen sind geschlossen, du bist ganz bei dir. Nimm eine entspannte Körperhaltung ein – lehne dich nach vorne oder lehne dich mit deinem Rücken an. Finde für deine Hände einen Platz und auch deine Beine sollen gut versorgt sein. ... Richte deine Aufmerksamkeit auf deinen Atem. Er strömt ruhig in dich ein. Du atmest tief ein und aus, ein und aus. Lass deinen Atem nun frei und natürlich fließen ... so wie er fließen möchte.

Stelle dir vor, du bist auf einer langen, kaum zu überschauenden Wiese. Sie ist mit Blumen besprengt, Schmetterlinge und Bienen fliegen umher. Du schlenderst, hüpfst vielleicht und genießt den blauen Himmel und das sonnige Wetter. Der Rasen ist kühler als die Umgebung, du spürst die Halme unter deinen Füßen. Die Sonne wärmt deine Haut und du fühlst dich wohl.
Am Horizont erkennst du einen großen Baum. Du gehst auf ihn zu, kommst ihm näher und näher – bis du vor ihm stehst. Es ist wohl ein Walnussbaum, riesig, haushoch mit mächtigem Stamm. Die Blattkrone ist sattgrün und Vögel trällern vergnügt auf den Ästen. Überall im Baum sind Früchte. Sie hängen büschelweise beieinander. Mal drei, mal vier, mal noch mehr grüne, fast rundliche Gebilde. Manche haben schon braune Stellen oder sind einen Spalt weit geöffnet. Wieder andere haben sich fast ganz geöffnet. Die Schale einer solchen Frucht hat sich geviertelt und jede der vier Seiten ist ein wenig zurückgewichen. Nun ist auch der Inhalt ganz deutlich zu erkennen: eine Walnuss.
Am Boden vor deinen Füßen liegen einige herabgefallene Walnüsse. Oft haben sie noch die grün-braune Schale um sich. Hebe eine Walnuss auf, entfern die Schale und halte die Nuss in deiner Hand. Schau sie dir genau an. Die Schale hat ein helles Braun, sie ist hart und holzig. Es sieht so aus, als klebten zwei halbe Schalen aneinander. Du siehst ganz deutlich eine Art Furche, die einmal um die gesamte Nussschale herumläuft. Die Schale selbst ist ganz zerklüftet. Überall siehst du kleine Erhebungen und Täler. Aber was ist das? Die Walnuss wirkt so leicht in deiner Hand. Eigentlich müsste sie viel schwerer sein. Ob sie keine Nuss enthält? Doch – du merkst ganz deutlich, irgendetwas ist unter der Schale. Leer kann sie nicht sein. Du möchtest wissen, was sich unter der Schale verbirgt. Du versuchst sie zu öffnen, drückst mit deinen Fingern, presst sie zwischen deinen Händen zusammen – aber nichts passiert. Sie wirkt fast wie verzaubert, diese Walnuss. Auch der Inhalt muss ein besonderer sein, wehrt er sich doch so beharrlich ans Tageslicht zu kommen. Es muss etwas Schönes sein, etwas, das man sich wünscht, etwas, das DU dir wünschst ...

> Schläft ein Lied in allen Dingen,
> Die da träumen fort und fort,
> Und die Welt hebt an zu singen,
> Triffst du nur das Zauberwort.

Wie könnte dieses Zauberwort lauten? Denke ruhig darüber nach ... Hast du es? Öffnet sich die Walnuss? Ja, jetzt ist sie entzwei und du siehst ihr Inneres. Was ist in deiner Walnuss verborgen? Was wünschst du dir? Lass den Inhalt deiner Walnuss auf dich wirken. Der Kern dieser ganz besonderen Walnuss gehört nun dir. Pack ihn in deine Tasche und mach dich auf den Rückweg.

Du lässt den großen Baum in deinem Rücken und spürst wieder die Wiese unter deinen Füßen. Du nimmst wieder die grüne Weite wahr. Du läufst wieder, hüpfst vielleicht und genießt das schöne Wetter. Am Horizont entdeckst du so etwas wie ein Gebäude, das unserer Schule sehr ähnelt. Gehe darauf zu ...

Begib dich nun zurück an deinen Platz ... Du wirst langsam wieder wach und merkst ganz deutlich den Stuhl unter dir. Du hörst die anderen, wie sie aktiver werden. Wenn du das Händeklatschen vernimmst, öffnest du die Augen und bewegst deinen Körper. Reck dich und streck dich ... Willkommen zurück!

1. *Schreibe alles auf, was dir gerade durch den Kopf geht. Du musst dabei nicht auf die Rechtschreibung oder einen besonders schönen Satzbau achten. Einfach schreiben! Also los: Woran denkst du gerade?*

2. *Schon komisch – so eine Walnuss-Meditation?! Normalerweise genügt einem ja das Aufbrechen und Essen der Nüsse. Leere Nussschalen sind sogar sehr unerwünscht. Und doch hast du gerade etwas erlebt – innerlich.*
   Notiere nun, …

   a) wie du dich bei der Meditation gefühlt hast.

   b) ob bzw. inwiefern sich dein Zustand während der Meditation von dem vorher unterschieden hat.

Getrost, das Leben schreitet
Zum ewgen Leben hin;
Von innrer Glut geweitet
Verklärt sich unser Sinn.
Die Sternwelt wird zerfließen
Zum goldnen Lebenswein,
Wir werden sie genießen
Und lichte Sterne seyn.

Die Lieb' ist frey gegeben,
Und keine Trennung mehr.
Es wogt das volle Leben
Wie ein unendlich Meer.
Nur eine Nacht der Wonne –
Ein ewiges Gedicht –
Und unser aller Sonne
Ist Gottes Angesicht.

Novalis (aus: Hymnen an die Nacht)

Kontemplation

Das Wort Kontemplation leitet sich von dem lateinischen Verb „contemplari“ ab, was so viel wie „betrachten“ oder „beschauen“ bedeutet. Ähnlich wie bei der Meditation geht es um eine innere Sammlung und ein geistiges Sichversenken – aber auf Gott hin. Der Mensch öffnet sich für Gott und nimmt eine Haltung ein (im Gebet, im Schweigen, im täglichen Tun), die es ihm bereits auf Erden ermöglicht, die göttliche Natur ahnend zu betrachten und eins mit ihr zu werden. Auf diese Weise kann der endliche Mensch die Unendlichkeit Gottes erfahren und mit ihr in Beziehung treten.

1. *Mache dir in einem ersten Schritt klar, worum es in dem Gedicht geht. Halte deine Gedanken in wenigen Sätzen fest. Übersetze das Gedicht nun in ein Bild bzw. eine Zeichnung (auf einem DIN-A4-Blatt).* ***Tipp:*** *Lasse dich hier von den Vorstellungen leiten, die bei dir während des ersten Lesens entstanden sind.*

2. *Vielleicht hast du weiter oben schon den Merkkasten zur sogenannten Kontemplation entdeckt. Kannst du das dort Gelesene mit dem Gedicht von Novalis verbinden? Notiere.*

Das Glück liegt auf der Straße: Pilgern

Pilgern (übersetzt „in der Fremde sein") hat vielleicht auf den ersten Blick nicht viel mit dem Thema „Glück" zu tun. Und warum machen sich Menschen eigentlich zum Pilgern auf? Irgendwie muss es mit dem Weg selbst und dem Zielort zusammenhängen. Machen wir ein kleines Experiment!

1. Dein Schul- und Heimweg sind eigentlich ein und derselbe Weg, aber trotzdem ist etwas anders, oder? Notiere unten, welche Gedanken und Gefühle sich jeweils bei dir einstellen. Los jetzt, mach dich auf den Weg!

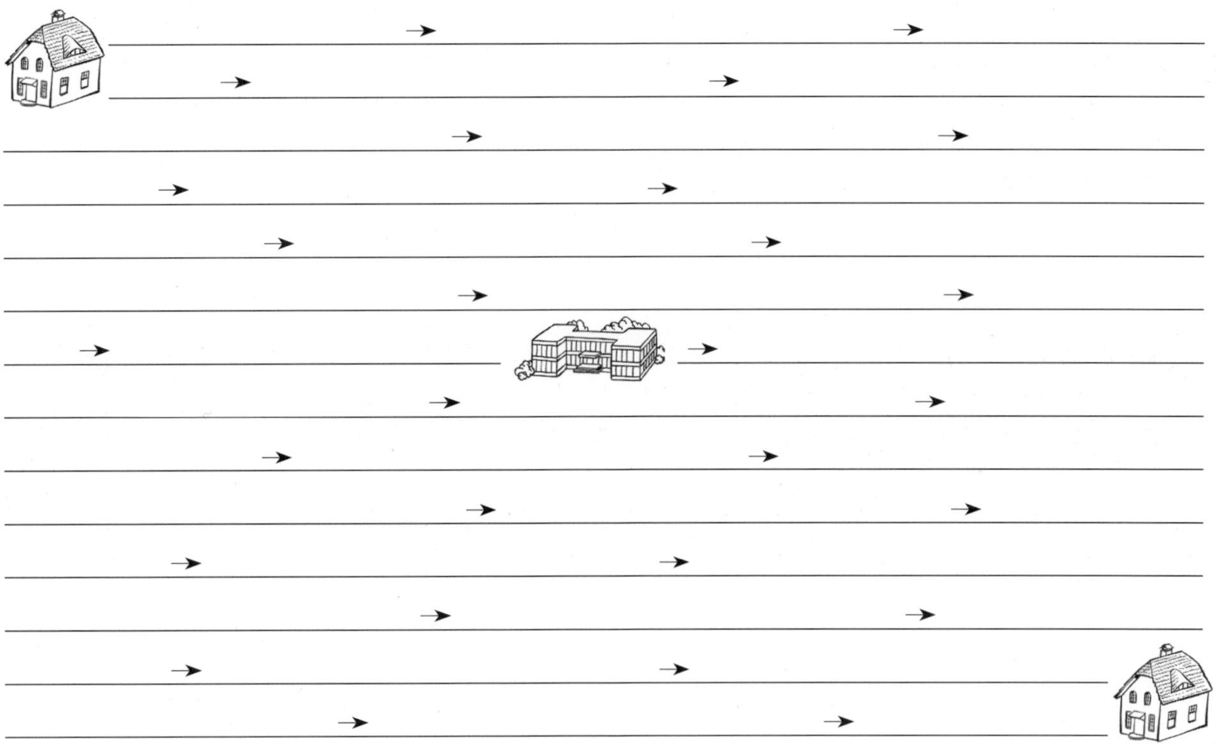

2. Du hast vielleicht gemerkt, dass ein Ziel den Weg bzw. deine Gedanken und Gefühle während des Gehens beeinflusst. Menschen, die pilgern, machen sich zu einem heiligen Ort auf. Dabei sind sie oft Tage oder sogar Wochen unterwegs. Versuche nun zu erklären, warum sich Menschen (übrigens aller Religionen) zum Pilgern aufmachen.

Anselm Grün: Leben ist Pilgerschaft

Loslassen der Sicherheit meint auch Loslassen des Erreichten. Bei allem Bedürfnis nach Heimat müssen wir uns immer auch bewusst machen, dass wir auf dem Weg sind und immer weitergehen müssen. Die Erfahrung von Heimat und Geborgenheit, wie sie uns die Familie oder Freunde schenken können, sind immer nur Raststätten, um weiterzugehen. Für die Alten war das Wandern nur ein Bild dafür, dass wir diese Erde immer wieder berühren und sie wieder lassen, um wandernd uns zu wandeln, bis wir in die Gestalt gelangen, die Gott uns zugedacht hat.

1. *Für Anselm Grün, einen bekannten deutschen Benediktinerpater und Buchautor, ist das ganze Leben des Menschen eine Pilgerschaft. – Arbeite heraus,*
   a) *was dieses Pilgern prägt*
   b) *und worin das Ziel zu sehen ist.*

____

____

____

____

____

____

____

____

____

____

____

Gott ist an jedem einzelnen Menschen gelegen und so ist auch jedem von uns, eine bestimmte „Gestalt" zugedacht. Als Christ möchte man deshalb auch nicht alles allein entscheiden. Vielmehr fragt man sich oft, welche Idee Gott wohl von mir als Mensch hat und welcher Weg zu gehen ist, um dieser Idee näherzukommen.

2. *Begib dich auf die Pilgerfahrt deines Lebens, für die du den ausgeteilten Pilgerpass brauchst, den du zunächst ausschneidest. Er enthält deine persönlichen Daten und wird an jeder erreichten Station gestempelt. Jedes Feld steht für eine solche Station, in das du …*

   a) *ein Datum einträgst sowie*

   b) *einen Stempel malst. Das Motiv des Stempels soll das versinnbildlichen, was Gott dir „zugedacht hat".*

PILGERPASS
meines Lebens

Name

Anschrift

Angekommen am: ____________

Ort

Datum:	Datum:	Datum:	Datum:
Datum:	Datum:	Datum:	Datum:

„Werdet weise!" (Spr 8,33): Verantwortung für die Schöpfung übernehmen

Die Weisheit als Gabe Gottes (Spr 8, 22–33)

22 Der Herr hat mich [die Weisheit] geschaffen im Anfang seiner Wege,
vor seinen Werken in der Urzeit;
23 in frühester Zeit wurde ich gebildet,
am Anfang, beim Ursprung der Erde.
24 Als die Urmeere noch nicht waren,
wurde ich geboren,
als es die Quellen noch nicht gab, die wasserreichen.
25 Ehe die Berge eingesenkt wurden,
vor den Hügeln wurde ich geboren.
26 Noch hatte er die Erde nicht gemacht und die Fluren
und alle Schollen des Festlands.
27 Als er den Himmel baute, war ich dabei,
als er den Erdkreis abmaß über den Wassern,
28 als er droben die Wolken befestigte
und Quellen strömen ließ aus dem Urmeer,
29 als er dem Meer seine Satzung gab
und die Wasser nicht seinen Befehl übertreten durften,
30 als er die Fundamente der Erde abmaß,
da war ich als geliebtes Kind bei ihm. Ich war seine Freude Tag für Tag
und spielte vor ihm allezeit.
31 Ich spielte auf seinem Erdenrund
und meine Freude war es, bei den Menschen zu sein.
32 Nun, ihr Söhne, hört auf mich!
Wohl dem, der auf meine Wege achtet.
33 Hört die Mahnung und werdet weise,
lehnt sie nicht ab!

Bibeltexte wollen dem Menschen etwas sagen, doch nicht immer ist es leicht, sich von einem so alten Text ansprechen zu lassen. In der schwedischen Stadt Västerås hat man eine Methode entwickelt, die dir und den anderen helfen möchte, schnell über den biblischen Text ins Gespräch zu kommen.

Bei der *Västerås-Methode* setzt du neben den Text …

- ein Fragezeichen ?, wenn du an dieser Stelle etwas nicht verstanden hast.
- ein Ausrufezeichen !, wenn du an dieser Stelle zu einer wichtigen Einsicht kommst – dir geht gewissermaßen ‚ein Licht auf'.
- einen Pfeil ➔, wenn du dich persönlich angesprochen und betroffen fühlst.

1. *Kommt nun zu zweit oder dritt zusammen und vergleicht eure Ergebnisse. Vielleicht könnt ihr euch sogar gegenseitig bei den Stellen weiterhelfen, zu denen ihr Fragen habt.*
2. *Die Weisheit scheint eine besondere Rolle einzunehmen, denn sie war während der gesamten Schöpfung (von Himmel sowie Erde) anwesend und ist gern bei den Menschen. Überlegt euch gemeinsam, warum gerade der Weisheit eine so prominente Rolle zukommt. Haltet eure Ergebnisse schriftlich fest.*

3. *Stelle dir vor, die Weisheit würde heute noch einmal einen Blick auf die Erde werfen. Sind die Menschen weise geworden (Spr 8,33)? Gestalte eine moderne Fortsetzung der Bibelstelle, in der du aus der Perspektive der Weisheit (in der Ich-Form) auf die Frage eingehst.*

Endgültiges Glück: bei Gott sein

Wie gelangt man eigentlich zu Gott und wird endgültig glücklich? Jesus gibt in der Bibel einen eindeutigen Hinweis darauf. Die folgenden Aufgaben wollen dir helfen, diesen Hinweis besser zu verstehen. Er findet sich in der folgenden Bibelstelle.

Die Segnung der Kinder (Mk 10,13–16)
[13] Da brachte man Kinder zu ihm, damit
er ihnen die Hände auflegte. Die Jünger
aber wiesen die Leute schroff ab. [14] Als
Jesus das sah, wurde er unwillig und
sagte zu ihnen: Lasst die Kinder zu mir
kommen; hindert sie nicht daran! Denn
Menschen wie ihnen gehört das Reich
Gottes. [15] Amen, das sage ich euch: Wer
das Reich Gottes nicht so annimmt, wie
ein Kind, der wird nicht hineinkommen.
[16] Und er nahm die Kinder in seine Arme;
dann legte er ihnen die Hände auf und
segnete sie.

1. „Wie ein Kind" soll man das Reich Gottes annehmen. Interpretiere diese Aussage Jesu spontan.

____

____

____

____

____

____

____

____

____

Die deutschsprachige Band „Die Ärzte" brachte 2007 das „Lied vom Scheitern" heraus, das dir helfen kann, Jesu Hinweis zu verstehen.

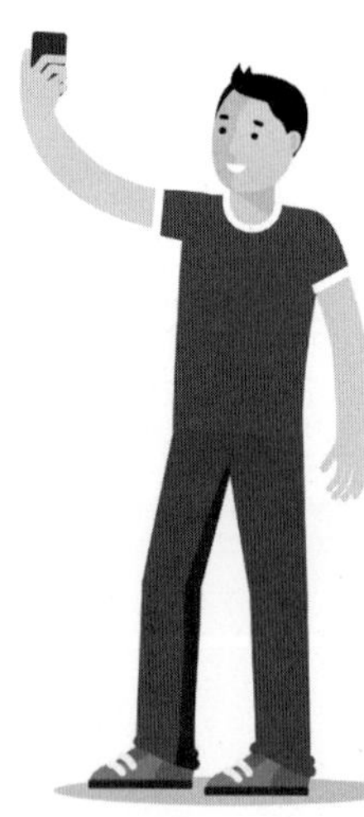

2. Sieh dir genauer den Refrain, die 2. Strophe sowie den Pre-Chorus an. Arbeite die Hauptaussage aus dem Songtextauszug heraus. Hier genügen zwei, bis drei Sätze.

3. Stelle eine Verbindung her zwischen dem Songtext und den hier abgedruckten Bildern. Notiere deine Überlegungen.

4. Vergleicht eure Ergebnisse. Fallen euch weitere Beispiele ein, die zum Text passen? Notiert diese und diskutiert sie.

Du bist schon etwas weiter in der Frage nach dem endgültigen Glück. Der unten abgedruckte Textauszug ist ein berühmtes Beispiel für das, was „Die Ärzte" in ihrem Lied besingen. Schauen wir einmal hinein …

Heinrich von Kleist: Das Marionettentheater (Auszug)

Ich badete mich […] vor etwa drei Jahren, mit einem jungen Mann, über dessen Bildung damals eine wunderbare Anmut verbreitet war. Er mochte ungefähr in seinem sechzehnten Jahre stehen, und nur ganz von fern ließen sich, von der Gunst der Frauen herbeigerufen, die ersten Spuren von Eitelkeit erblicken. Es traf sich, dass wir gerade kurz zuvor in Paris den Jüngling gesehen hatten, der sich einen Splitter aus dem Fuße zieht; der Abguss der Statue ist bekannt und befindet sich in den meisten deutschen Sammlungen. Ein Blick, den er in dem Augenblick, da er den Fuß auf den Schemel setzte, um ihn abzutrocknen, in einen großen Spiegel warf, erinnerte ihn daran; er lächelte und sagte mir, welch eine Entdeckung er gemacht habe. In der Tat hatte ich, in eben diesem Augenblick, dieselbe gemacht; doch sei es, um die Sicherheit der Grazie [Bed.: Anmut, Harmonie der Bewegung], die ihm beiwohnte, zu prüfen, sei es, um seiner Eitelkeit ein wenig heilsam zu begegnen: ich lachte und erwiderte – er sähe wohl Geister! Er errötete, und hob den Fuß zum zweiten Mal, um es mir zu zeigen; doch der Versuch, wie sich leicht hätte voraussehen lassen, missglückte. Er hob verwirrt den Fuß zum dritten und vierten, er hob ihn wohl noch zehnmal – umsonst. Er war außerstande dieselbe Bewegung wieder hervorzubringen – was sag ich? Die Bewegungen, die er machte, hatten ein so komisches Element, dass ich Mühe hatte, das Gelächter zurückzuhalten.

(Die Rechtschreibung wurde behutsam angepasst.)

1. *Fasse kurz zusammen, worum es in der Geschichte geht. Erkläre in einem zweiten Schritt, warum der Junge die Bewegung nicht noch einmal wiederholen kann.*
2. *Vergleicht eure Ergebnisse. „Man kann die Welt nicht ewig blenden/Ich muss den Quatsch sofort beenden." – Es scheint fast so, als hätten die Ärzte bei ihrem Hit „Das Marionettentheater" vor Augen gehabt. Gestalte eine weitere Strophe (vier bis sechs Verse), in der dargestellt wird, wie der Junge den Quatsch beendet.*

In den bearbeiteten Aufgaben ging es gar nicht direkt um Kinder. Und doch sind wir der Frage nach dem endgültigen Glück viel nähergekommen.

3. *Erkläre unter Berücksichtigung deiner Arbeitsergebnisse …*
   a) was Kinder bzw. das Kindsein auszeichnet und
   b) warum man das Reich Gottes wie ein Kind annehmen soll.

Didaktisch-methodische Hinweise

Gestaltung einer Glücksausstellung

Das Thema der Unterrichtsreihe eignet sich aufgrund seiner Lebensnähe und Relevanz für alle Altersstufen in besonderem Maße für Erarbeitungs- und Präsentationsformen, die über den „normalen" Unterricht hinausgehen.

Inspiriert von den Ausstellungen „Glück – welches Glück" (Deutsches Hygiene-Museum, Dresden 2008) und „The Happy Show" (Museum für Angewandte Kunst, Frankfurt am Main 2016), soll daher an dieser Stelle angestoßen werden, den Fachunterricht projektartig um weitere Facetten des Themas zu erweitern und/oder die Ergebnisse der unterrichtlichen Arbeit innerhalb der Schulgemeinschaft einer größeren Öffentlichkeit zugänglich zu machen.

Die **Aufbereitung der Inhalte** ist dabei in mannigfaltiger Weise möglich und kann je nach Motivation der Schüler, zur Verfügung stehender Zeit, Mitarbeits- und Einsatzbereitschaft von Kollegen, Zielgruppe und medialer Ausstattung variiert werden.

In einer **Basis-Version** ist etwa denkbar, dass besonders gelungene Ergebnisse der unterrichtlichen Arbeit auf Plakate übertragen und an geeigneter Stelle im Schulgebäude (Foyer, Mensa-Atrium, Pausenstraße etc.) an Stellwänden präsentiert werden. Mithilfe von Überschriftenbannern, die sich ggf. an den Titeln der Kapitel dieser Lehrerarbeitshilfe orientieren, kann dabei den Besuchern der Ausstellung auch ohne Vorkenntnisse die Vielfältigkeit der Thematik vor Augen geführt werden und es gelingt ein multiperspektivischer Einblick in die verschiedenen Facetten des Glücksbegriffs.

Stehen mehr Zeit, Interesse und Arbeitsbereitschaft zur Verfügung, bietet es sich an, die gemeinsame unterrichtliche Arbeit anhand von vorgegebenen und/oder selbst entwickelten Wahlaufgaben zu erweitern und die Schüler in ihrer Kreativität und Transferkompetenz zu fördern. Vielversprechende **Erweiterungen mit vergleichsweise geringem Aufwand** könnten etwa darin bestehen, dass die Kursteilnehmer

- Mitschüler, Lehrer, Passanten o.Ä. zu der Frage „Was ist Glück für Sie/dich?" interviewen,
- Werbeanzeigen, Lebensratgeber etc. auf Glücksversprechen untersuchen,
- eine Fotocollage mit Bildern aus dem Alltag anfertigen, wann und in welchen Zusammenhängen ihnen der Begriff „Glück" begegnet, ...

Sind Kapazitäten für ein **aufwendigeres Unterrichts- und Ausstellungsprojekt** vorhanden, erscheint ein **fächerverbindendes Arbeiten** zur Glücksthematik besonders lohnend. Umfassende und tiefe Einblicke in die Materie sowie ein gleichermaßen lebensnahes wie freudvolles Lernen – etwa auch im Rahmen einer **Projektwoche** – versprechen unter anderem Kooperationen mit den Fächern

- *Sozialwissenschaften* (z.B. Untersuchung der Idee des Bruttonationalglücks im Königreich Bhutan),
- *Biologie* (z.B. Vertiefung neurobiologischer und medizinischer Herangehensweisen an das Glücksgefühl im Gehirn),
- *Deutsch* (z.B. Glückskonzepte in der Literatur, v.a. der Lyrik, aber auch kreative Zugänge wie etwa das Verfassen eigener Glücksgedichte),
- *Sport* (z.B. Glück bei und nach körperlicher Anstrengung: Macht Bewegung zufrieden? Was hat es mit Phänomenen wie dem „Runner's High" auf sich?) oder
- *Kunst* (z.B. Erstellen von MixedMedia-Collagen zum Thema „Glück").

Neben einer intensiven sachlichen Auseinandersetzung mit den diversen Dimensionen des Themas stehen hier auch die individuelle Identitätsarbeit und Persönlichkeitsentwicklung der Schüler im Fokus des Lehrens und Lernens.

Lösungen

Seite 16 | Der Fahrplan: Meine individuellen Ziele

2.

V 1/V 4: Sitzen/fahren im gleichen Zug → Leben in der Gesellschaft/Gemeinschaft
V 2: reisen → leben, Erfahrungen sammeln, Veränderungen durchmachen
V 5: wie weit → Niemand kennt den Zeitpunkt seines Todes/Lebensendes.
V 6: Nachbar → Mitmensch, z.B. Bekannte, Kollegen, Freunde, Verwandte
V 8: Stationen → Lebensereignisse, die fast jeder Mensch üblicherweise erlebt, z.B. Geburt, Einschulung, Heirat ...
V 10: Kommt niemals an sein Ziel → Es stellt sich zu keinem Zeitpunkt das Gefühl ein, dass man nunmehr alles Erstrebenswerte im Leben erreicht und den Sinn des Lebens verwirklicht hat.
V 11: Wir packen aus. Wir packen ein → geschäftig sein/arbeiten, sich im Leben einrichten, durch Anschaffungen und Unternehmungen das individuelle Wohlbefinden fördern wollen
V 14: Schaffner → Vertreter von Organisations- und Kontrollinstanzen, z.B. Vorgesetzte, staatliche Institutionen (Lehrer, Finanzamt, ...) etc.
V 18: heult die Zugsirene schrill → dramatische Ereignisse geschehen, brechen in unseren Alltag ein und reißen uns aus unseren gewohnten Abläufen
V 20: Die Toten steigen aus → Mitmenschen sterben und begleiten nicht länger den eigenen Lebensweg
V 23: Bahnsteig der Vergangenheit → Ort, an dem einstige Lebensgefährten zurückgelassen und mit der Zeit vergessen werden
V 26: 1. Klasse → reiche Oberschicht der Gesellschaft
V 30: sitzt auf Holz → in weniger wohlhabenden Verhältnissen leben
V 35: im falschen Coupé → Lebensentwürfe, die letztlich scheitern oder nicht dem entsprechen, was man sich für ein erfülltes Leben gewünscht/als Lebenssinn betrachtet hat

Seite 23 | Kopfbahnhof: Innehalten und Neuausrichten

1. Das lyrische Ich ...

a) ist unzufrieden mit:
- seiner eigenen Trägheit, Unentschlossenheit, phlegmatischen Schwerfälligkeit
- seinen unerfüllten Erwartungen an das eigene Selbstideal
- seinen gescheiterten Versuchen, Erfüllung und Glück in Partnerschaft und Freizeitvergnügen zu finden

b) sehnt sich nach:
- Aktivität, Selbstmotivation, Energie
- ewiger Liebe/einer Partnerschaft, die lebenslang Halt und Geborgenheit gibt
- Schutz, Sicherheit, Stabilität, Verlässlichkeit
- Sinn im eigenen Tun, Einbindung/Selbstwirksamkeit in einem größeren Weltzusammenhang
- Idealen, für die es sich einzutreten und zu kämpfen lohnt

Seiten 26–30 | „Sicherheitshinweis: Lassen Sie Ihr Glück nicht unbeachtet!"

Was ist Achtsamkeit? – Auf den Spuren eines Modewortes A:

1. Konzentriere dich ganz auf dein Tun und (er-)lebe den Augenblick./Gehe in deinen Handlungen auf, nicht unter.
3. Einfache Alltagstätigkeiten bewusst und mit ungeteilter Aufmerksamkeit auszuführen, kann als Achtsamkeitsübung dienen und für den Moment große Zufriedenheit verschaffen.

Was ist Achtsamkeit? – Auf den Spuren eines Modewortes B:

1. Mache kleine Schritte, um Großes zu schaffen./Gehe in deinen Handlungen auf, nicht unter.
3. Die Alltagsglücksmomente werden sinnlich erfahren. Sie ereignen sich ungeplant. Sie sind nicht von Dauer, sondern bestehen nur für den Augenblick. Eigentlich handelt es sich um unscheinbare Kleinigkeiten, die leicht übersehen werden können.
   <u>Voraussetzung:</u>
   Man muss mit wachem, aufmerksamem und achtsamem Blick in die Welt schauen und sich an Kleinigkeiten bzw. dem Zauber scheinbarer Alltäglichkeiten erfreuen können.

Seite 38 | „We are family“ – Was ist Familie?

1.

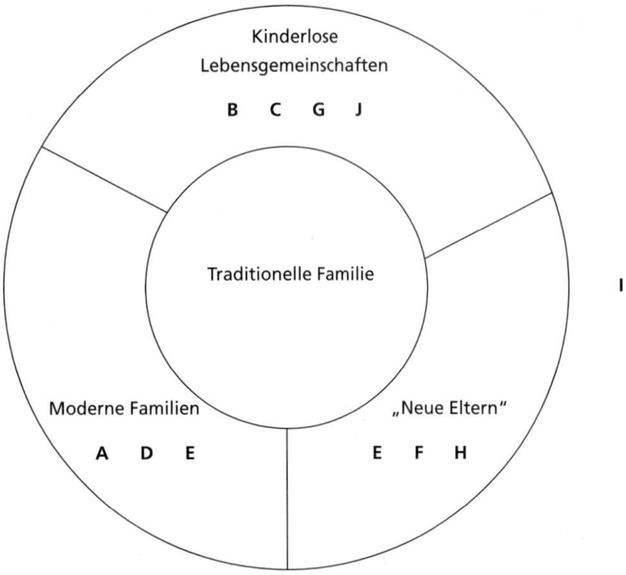

Seite 43 | Fatal: die Glücks- und Schicksalsgöttin Fortuna

Attribut: *Füllhorn*
Bedeutung: *Gemeint sind die reichen Gaben der Glücksgöttin.*
Beispiel: *Große Besitztümer, beruflicher Erfolg etc.*

Attribut: *Ruder*
Bedeutung: *Fortuna lenkt (entscheidet über) das Schicksal.*
Beispiel: *Treffen bestimmter Menschen oder Entscheidungen etc.*

Attribut: *Weltkugel*
Bedeutung: *Die Weltkugel symbolisiert die Größe (und Allgegenwart) ihrer Herrschaft.*
Beispiel: *Die Glücksgöttin kann überall und jederzeit eingreifen (nicht auf Regionen in der Welt oder bestimmte Menschen beschränkt).*

Attribut: *Rad*
Bedeutung: *Das Glück ist flüchtig und kann umschlagen.*
Beispiel: *Zuvor gesund, nun sehr krank; mit der Mannschaft einen Lauf haben, plötzlich nicht mehr gewinnen etc.*

Seite 54 | Glück ist Kopfsache – Von Endorphinen und anderen Glücksboten(-stoffen)

2.

	B	**Serotonin**
Stimmungsaufhellung	O	**Dopamin**
Durchblutung der Organe	T	**Endorphine**
Euphorie	E	**Acethylcholin**
Erregung und Aufmerksamkeit	N	**Studienteilnehmer**
Zwillingsgeschwister	S	**"Depressions-Gen"**
5-HTTLPR	T	**langes Allel**
Zuversicht und Optimismus	O	**Amygdala**
Emotionszentrum	F	**Gene**
Schalter	F	

3. Lösungswort zur Selbstkontrolle: **BOTENSTOFF**

Seite 57–59 | Köstlich: Warum Schokolade gute Laune macht

3. Antwortkärtchen, deren Aussage ...

a) ... nicht zur Beantwortung der Fragestellung dienen:
- „Finnische Forscher fanden 2004 heraus ..."
- „Der Begriff ‚Schokolade' kommt aus dem Mexiko des 14./15. Jahrhunderts."
- „Für Hunde kann der Verzehr von Schokolade ..."
- „Arachidonylethanolamid, auch Anandamid genannt, ..."

b) ... eine direkte Antwort auf die gestellte Frage geben:
- „Evolutionär hat sich für den Menschen eine fett- und zuckerreiche Ernährung ..."
- „Zwar enthält Kakao natürliche Aufputschmittel, ..."
- „Schokolade ist oftmals mit positiven Erinnerungen verknüpft."

c) ... die Antwort näher begründen:
- „Da Kakaobutter bei Körpertemperatur schmilzt, ..."
- „Schokolade hat einen Brennwert von ca. 500 bis 600 kcal pro 100 g."
- „Kakaobohnen enthalten Koffein und das koffeinähnliche Theobromin, ..."

Eine detailliertere biochemische Begründung liefern zudem folgende Kärtchen:
- „Phenylethylamin ist ein Amphetamin ..."
- „Die Aminosäure Tryptophan ..."
- „Tryptophan ist in Kakaopulver ..."
- „Durch die Zufuhr von Zucker ..."
- „Zur Herstellung von Neurotransmittern ..."

Seite 60/61 | Künstlich – High sein und frei sein

2. Richtige Reihenfolge der Begriffe:
Zufall (1) – Neugier (2) – Verführung (3) – Rausch/Euphorie (4) – Verlangen (5) – Gewöhnung (6) – Wirkungsverlust/Toleranzsteigerung (7) – Kontrollverlust (8) – Verfall (9)

Hinweis: Die Begriffe *„Gewöhnung"* und *„Wirkungsverlust/Toleranzsteigerung"* sind auch in umgekehrter Reihenfolge sinnvoll und richtig. Auch von einem *„Kontrollverlust"* lässt sich ggf. bereits ab der Entwicklung einer *„Gewöhnung"* an die konsumierte Substanz sprechen.

Seite 62 | Tun statt Ruh'n – Im Flow sein

1. Entschlüsselung:

- Stefan:	*mich zu fühlen, als würde ich schweben ‖ dachte an nichts mehr ‖ einfach glücklich*
- Alexandra:	*die ganze Welt um mich herum vergessen*
- Andrea:	*als würde ich gar nicht mehr nachdenken ‖ voll im Geschehen aufgehen*
- Falk:	*so vertieft, dass ich alles um mich herum vergesse ‖ fühle mich völlig außerhalb der Zeit*
- Simon:	*eine Art Trance ‖ wie im Rausch ‖ wie von selbst ‖ ich bin völlig eins*

Seite 72/73 | Unendlich glücklich: mit Gott II

1. Fénelon möchte aufzeigen, wie der Mensch das wahre Glück finden kann, indem er die Eigenliebe ablegt und Gottes Willen (als eigenen) annimmt.
2. *These* (Zeile 1–3): Wer von sich selbst absehe, also keine Eigenliebe empfinde, der habe nichts mehr zu fürchten.
   Erste Folge (Zeile 3–5): Denn so erlange man als gutwollender Mensch den wahren Frieden, weil man Gottes Willen folge.
   Zweite Folge (Zeile 5–7): Der Mensch gehe nun unbeschwert durchs Leben, da er nichts mehr fürchten müsse.
   Dritte Folge (Zeile 7–11): Gottes und menschlicher Wille seien eins, wodurch der Mensch unverwundbar werde.
   Ergebnis (Zeile 12–15): Dieser wertvolle Zustand vergehe nicht mehr, denn alles, was zukünftig geschehe und mit voller Hingabe in dem umschriebenen Sinne gedeutet werde, trage zu einer Vertiefung des inneren Friedens bei.
3. „Mache dir Gottes Willen zu eigen!" oder „Wer glücklich werden will, sollte Gottes Willen annehmen." oder „Wer nichts will, hat in Gottes Willen alles."etc.

Lösungen

Seite 80 | Anselm Grün: Leben ist Pilgerschaft

1. Das ganze Leben ist nach Anselm Grün eine Pilgerschaft.

a) Dieses Pilgern prägen:
- immer auf dem Weg zu sein und nicht an gewonnenen Sicherheiten festzuhalten,
- das Vorhandensein von „Raststätten" (Familie und Freunde), die Geborgenheit und Heimat schenken, um sich wieder aufmachen zu können.

b) Das ständige Wandeln bringt den Menschen letztlich in einen Zustand, wie Gott die jeweilige Person „gedacht" hat. (Anzuregen wäre evtl.: Vollendung erfährt der Mensch also erst in Tod und Auferstehung.)

Quellenverzeichnis

Alle Bibelstellen, die in diesem Buch verwendet werden, wurden entnommen aus: Einheitsübersetzung der Heiligen Schrift © 1980 Katholische Bibelanstalt Stuttgart

S. 7:	Frage- und Ausrufezeichen © fejas – Fotolia.com
S. 15:	Einspurige Bahnlinie im Morgennebel © Harald Biebel – Fotolia.com
S. 16:	Erich Kästner: Das Eisenbahngleichnis. Aus: Doktor Erich Kästners lyrische Hausapotheke. © Atrium Verlag AG, Zürich 1936 und Thomas Kästner.
S. 16:	Anzeigetafel Bahn © Anna-Lena Ramm / PIXELIO; www.pixelio.de
S. 17:	Weiche © rdnzl – Fotolia.com
S. 19:	Trauriges Mädchen © Julijah – Fotolia.com
S. 19/20:	Erich Fried: Irrwege. Aus: Zur Zeit und zur Unzeit © Verlag Klaus Wagenbach, Berlin 2001.
S. 21:	Zugunfall © dieter76 – Fotolia.com
S. 27:	Hausfrau © Africa Studio – Fotolia.com
S. 29:	Michael Ende: Momo (1973), Print © 2005 Thienemann in der Thienemann-Esslinger Verlag GmbH, Stuttgart, S. 35–37. Digital © 2017 by Michaeal Ende Testamentsvollstrecker (www.michaelende.de) vertreten durch AVA international GmbH Germany (www.ava-international.de).
S. 34:	Aristoteles: Nikomachische Ethik. Anaconda Verlag 2009, S. 210–216. Der Originaltext wird gerafft und stark vereinfacht wiedergegeben.
S. 36:	Johann Gottlob Immanuel Breitkopf: Reich der glücklichen Liebe (1777) © Bayerische Staatsbibliothek, Hbks/R 31 kr
S. 37:	Umriss Tschechische Republik © liotru – Fotolia.com
S. 38:	Mutter und Sohn © Dan race – Fotolia.com
S. 39:	Jordi Quoidbach: Glückliche Menschen leben länger. Experimentelle Streifzüge in die Psychologie der Lebensführung. Aus dem Französischen übersetzt von Jutta Bretthauer. Springer Spektrum 2012, S.162f. © With permission of Springer Nature
S. 43:	Brockhaus-Artikel zu Fortuna und Bild der Fortuna, Brockhaus Bilder-Conversations-Lexikon, 1837–1841. Unter: http://www.zeno.org/Brockhaus-1837/A/Fortuna?hl=fortuna
S. 45:	Johann Wolfgang von Goethe: Segenspfänder. Unter: http://gutenberg.spiegel.de/buch/west-ostlicher-divan-3656/2
S. 46:	Schornsteinfeger © shutterstock.com
S. 48:	Mann mit Geldscheinen © Visual Generation – shutterstock.com
S. 55/56:	Manfred Spitzer: Glück im Kopf. In: Hentschel, Beate/Staupe, Gisela (Hg.): Glück – welches Glück. Carl Hanser Verlag München 2008, S. 45–61, hier: S. 57–59.
S. 60:	Screenshots des Kurzfilms „NUGGETS“ © Andreas Hykade. Unter: http://www.hykade.de/ → Rubrik: „Films“ → „NUGGETS 2015“
S. 65:	F32. – Depressive Episode. Aus: ICD-10-GM Version 2017. Systematisches Verzeichnis. Internationale statistische Klassifikation der Krankheiten und verwandter Gesundheitsprobleme, 10. Revision – German Modification – Herausgegeben vom Deutschen Institut für Medizinische Dokumentation und Information (DIMDI) im Auftrag des Bundesministeriums für Gesundheit (BMG) unter Beteiligung der Arbeitsgruppe ICD des Kuratoriums für Fragen der Klassifikation im Gesundheitswesen (KKG). Stand: 23. September 2016. Kapitel V: Psychische und Verhaltensstörungen. Affektive Störungen, S. 192. (icd10gm2017syst_odt_20160923.pdf; Zugriff vom 23.03.2017).
S. 65:	Äskulapstab © Creative Mood – Fotolia.com
S. 66:	Foto Wilhelm Schmid von J. R. Schmid – Eigenes Werk, CC BY-SA 3.0, https://commons.wikimedia.org/w/index.php?curid=30076345
S. 67:	Wilhelm Schmid: Unglücklich sein – Eine Ermutigung. © Insel Verlag, Berlin 2012
S. 72:	Fénelon-Text. Aus: Matthias Claudius: Wie Gott es fügt. Walter-Verlag 1956, S. 44f.

S. 74: Zitat Augustinus. Aus: Augustinus: Bekenntnisse. Insel Verlag 1987, S. 13; Zitat Hemmerle. Aus: Gotteslob. Katholisches Gebet- und Gesangbuch. Ausgabe für das Erzbistum Köln. Verlag Katholisches Bibelwerk GmbH 2013, S. 33; Alle anderen Zitate aus: YOUCAT. Jugendkatechismus der katholischen Kirche. Pattloch Verlag 2010, S. 258–279.

S. 75: Reinhard Abeln: Gebet Guten Morgen, lieber Gott © Dr. Reinhard Abeln; Franz Xaver: Gebet Engel Gottes © Deutsche Provinz der Jesuiten; Psalm 23,1. Aus: Einheitsübersetzung der Heiligen Schrift © 1980 Katholische Bibelanstalt Stuttgart

S. 76: Gedicht von Joseph von Eichendorff, „Wünschelrute" (in die Meditation integriert). Unter: http://gutenberg.spiegel.de/buch/joseph-von-eichendorff-gedichte-4294/188

S. 78: Text von Novalis. Aus: Hymnen an die Nacht. Unter: http://www.zeno.org/Literatur/M/Novalis/Gedichte/Hymnen+an+die+Nacht/5.+%5B%C3%9Cber+der+Menschen+weitverbreitete+St%C3%A4mme%5D

S. 80: Anselm Grün: Das kleine Buch vom wahren Glück. © Herder Verlag, Berlin 2012, S. 95.

S. 80/81: Foto Wanderschuhe © T. Linack – Fotolia.com; Pilgerstempel Braubach von Woscho – selbst gestempelt und gescannt, CC BY-SA 3.0, https://commons.wikimedia.org/w/index.php?curid=29983350

S. 82: Bild Fragezeichen und Ausrufezeichen © fejas – Fotolia.com

S. 84: Selfie Hipster © shutterstock.com, Selfie Junge © shutterstock.com